U0517999

上升的大地

罗雅琳　著

中信出版集团｜北京

图书在版编目（CIP）数据

上升的大地 / 罗雅琳著 . -- 北京 : 中信出版社，
2020.6
ISBN 978-7-5217-1675-7

Ⅰ . ①上⋯　Ⅱ . ①罗⋯　Ⅲ . ①农村社会学—研究—中
国　Ⅳ . ① C912.82

中国版本图书馆 CIP 数据核字（2020）第 039934 号

上升的大地

著　　者：罗雅琳
出版发行：中信出版集团股份有限公司
　　　　　（北京市朝阳区惠新东街甲 4 号富盛大厦 2 座　邮编　100029）
承 印 者：北京通州皇家印刷厂

开　　本：880mm×1230mm　1/32　　印　　张：7.25　　字　　数：146 千字
版　　次：2020 年 6 月第 1 版　　　　印　　次：2020 年 6 月第 1 次印刷
广告经营许可证：京朝工商广字第 8087 号
书　　号：ISBN 978-7-5217-1675-7
定　　价：59.00 元

目　录

总　序

　　我们把这个系列的写作称作"经验史"，是为了突出它虽然基于不同学科的研究，但偏重于在我们的整体文化经验中寻找线索。在这个意义上，它是跨学科的。为经验梳理历史线索是一个有挑战性的叙事方式，因为经验是那么不稳定，它不可能完全依照理念或概念的纯粹状态来形成，而总是与一时一地的具体愿望、社会心理和情境化的实践纠缠在一起，其间的辩证性滋生着大量的内在变量。在这个领域，没有什么是必然确定的。

　　对于经验，我们有两种理解和使用的路径：一种是英国哲学中所讲的作为科学知识基础的经验，是那些有重复性的、可归纳的经验，是人与对象之间可以被模式化的经验，它既是科学的基础，又是习惯的根据；另一种是保持着自身独特状态的经验，在伽达默尔的分析中，它不仅难以重复，而且相反，甚至只能在"使预期落空"时才会被获得，可以说是人与对象无中介的最初接触状态。这种经验与从理论模式而来的知识质地不同，它只有在人与对象直接相遇的历史性状态中才能达到，也是第一种经验的史前状态。所以，这样的经验并不在于注释了某种既定知识，而是通过经验本身促成经验的开放性，迫使人在这种悬空中重新编织以前的经验并理解知识。它说明的不是事物本身的情况，而是事物在生活中的情况，所以它是历史性的，而不是知识性的。叙述经验史就意味着，历史不能被放入普遍知识的叙述中，不能被博览会化，否则经验就会变成差异的代名词，变成异国风情，从而失去可理解的情景。

这个系列"经验史"的写作，是以百年来的文化变迁为对象的一种历史叙事。所谓"三千年未有之大变局"在线索相对稳定的中国文化中加入了海量的新观念，并且是在一种强大的外力的逼迫下加入的，这似乎造成了巨大的历史断裂状态。当然，在所有文明的历史中，历史的每个阶段都会出现一些观念的改变，而我们这100年所经历的有所不同——大量的新观念加入后，虽然也在经验层面上发生作用，但对经验本身而言是非经验的。

在变局中，通常我们去学习、模仿或移植外来观念，我们貌似接受了它们，并且也确实变成那样了。但这一过程中混杂着不同的选择：或做出激进主义的选择，放弃自身文化、融入世界，从此与世界同轨；或像钱穆那样守护着自身文化，并用新的解释推进它，以适应新的形势；或把引进的观念在自己的文化内部进行重构。倘若做出激进主义的选择，我们就面临着一个难题：西方文化中那些观念的经验生长方式被遗漏在我们的经验之外，我们能够引进观念，却无法引进经验，因为经验本是不可化约也不可通约的部分，我们以自己的何种经验方式去填补或替代被遗漏的经验，又将如何形成填补上的经验。变局的结果在表面上形成了很多文化断裂现象，形成了历史对立，即所谓新与旧，古与今，他与我。在今天世界的文化运作方式中，文化断裂的观念更被一再强化。我们生活在一个24小时新闻不断刷新的世界里，对于经验而言，被碎片淹没的历史连续性只不过是隐身于无意识。很可能是我们每每对下一个事件投入的热情形成了断裂的现象，每一个事件常常是以替代上一个事件为代价而进入我们的视野的；或者像堂吉诃德一样，以崇高的理念为生活的唯一旗帜，而忽略了具体的情景和真实的挑战。所以阿甘本说他尽管有了丰富的经历却不能形成经验。经历只是经过，是时间的流逝，而经验是在事件与主题、事件与语境、事件与历史之间建立的意义关联。因此可以说，所谓的文化断裂只是形而上的断裂，而经验在悄无声息地缝补着这种裂痕。

经验是不会断裂的，否则就不是经验。以经验历程作为历史叙述的线索，重新发现种种新旧观念在自发经验中的连接轨迹，是理解我们这百年历史的一种很有意义的方式。这个视角关注的并不是社会的整体进程，也不是思辨理论，而是以我们自身的历史经验为对象，去缝合那些貌似松散的、被切割的记忆肌理，以编织出更切身的历史经验。历史叙述是一种认识，在某种程度上会将内在的经验方式叙述为一种理性选择方式。历史叙述作为一种认识，当然在我们的文化中起着很大作用。在实践层面，它不仅有对历史事件的认识，而且包含着对认识的回应，以及对回应的回应，这种切身经验与知识之间的循环造成了特殊境遇。在历史实践中，这些经验层面的往返周折，是经验史写作者所要面对的问题之一，同时是对这些问题的情景复习。经验的丰富具体性在今天面临的最大挑战依然是，经验在形成的同时，几乎就面临着被现代一般观念化约的威胁，我们在讨论经验与社会的关系、与古典资源的关系，甚至与当下现实的关系时，都面临着这样一种威胁，这种化约冲击了我们的经验之筋脉。这是被笛卡儿切分的超身体的主体必会遭遇的。所以，我们不能把历史、现实等的经验对象完全交付给理论化的知识，不能让抽象的时间进程为具体事物的演化代言。

经验不是理性概念的构成方式。追踪经验是复原地形和路径的线索，是追溯经验图式的形成线索。这与福柯的谱系学有某种相似。谱系学考察的是一个事物的"出身"和"血统"，即一个事物是如何被塑造为如此身份的。经验史考察的不是事物如何被定义、如何被赋予某种权力，或如何支配其他事物，而是我们的感知和实践如何形成经验的来龙去脉，如何一步一步形成经验图式，又如何形成对各种角色的预期。由于经验的形成方式是连接性的，在特殊机缘和时机中连接着观念、实践、情感、情境和心理需求，因此它并不依循概念的逻辑关系，只是伸出各种"触角"去形成网结，结构生活。

这一丛书的写作者以年青一代的学者为主，他们的学科背景有哲学、文学、艺术、历史等，他们各自都在自己的学科领域建立了结实的知识系统，并对现代中国的历史怀有深切的问题意识。2015 年，我参加了他们举办的一些讨论会，其中很多题目和论述方法所达到的位置非常接近伽达默尔所说的无中介的经验状态。之后，我们就一些具体题目相约讨论，在这一过程中，他们彼此之间相互纠偏，还邀请了不同专业的老师参与论证。最终，他们的关注点逐渐聚焦"经验史"这个位置。这百年变局中形成的一系列具体事物，一个动作、一个判断、一个情境，是由怎样的具体经验叠加、堆积而成？在今天看来，它们是否仅仅是一些空洞的符号或一时的潮流？由于我们不预先设定一个普遍性的理念，也不判断经验中的得与失，没有一个在场裁判的全能神，因此我们只有在问题中的叙述者，他们的角色相当于调查员。其实，在古希腊词汇里，"历史"的原初意思正是通过眼睛和耳朵进行的"调查"。

舒可文

2020 年 6 月

序　上升的想象

吴晓东

北京大学中文系教授、博士生导师

在五四以降的中国文学史中，如果说关于城市的故事是相对贫瘠的土地，那么关于乡土的叙述则是一方沃土。从鲁迅的《故乡》开始，文学家们就似乎更善于讲述乡村故事。新文学值得大书一笔的最初成就即是乡土小说，新时期以来堪称最早被经典化的创作也是寻根文学。与此相应，20世纪中国文学研究的乡土领域也一向为学者们精耕细作。在老一辈文学研究者那里，关于乡土的著述也更容易取得实绩。在这一学术领域，想获致新的研究角度、视野和方法似乎已经不那么容易了。

因此，罗雅琳的新著《上升的大地——中国乡土的现代性想象》选择以乡土为研究对象，多少有些出乎我的意料。也因此，在隶属于90后一代青年学人的雅琳眼中，乡土中国会呈现出何种与前辈不同的图像、视域甚至可能性远景，就令我陡升一种阅读期待，同时也不免有一丝狐疑，担心新人类们的乡土经验是否足够丰厚，是否会令自己的乡土研究成为无本之木。

当我拿到《上升的大地——中国乡土的现代性想象》这部书稿之后，首先翻阅的是注释，当我看到雅琳在与相关前研究进行着充分对话的时候，开始感到放心进而感到欣慰：雅琳的研究并非是从天而降的无源之水，而是在汲取前辈们的丰沛滋养的基础上起步的。正如她在书中所交代的那样："我突然意识到，'中国乡土的现代性想象'这一命题其实暗藏着与我十分敬重的三位前辈学者提出的著名命题进行对话的可能，或者也可以说，这是从他们提出的著名命题中延伸出来的一点心得。"前辈的研究中已经先期预设了一些为雅琳引路的"'中国乡土的现代性想象'之理论指向"。雅琳所谓的这三位前辈的几种著述也因此超乎一般意义上的参考书目，而呈现出与她自身的研究更为相关的关键性视野。其中费孝通的《乡土中国》构成的就是雅琳与前研究进行对话的基础范式之一，这也意味着费孝通先生早在 20 世纪 40 年代呈现的乡土研究图景，至今仍有统摄性意义。

如果用一两句话概括百年中国文学，不妨说乡土和都市的故事构成的是 20 世纪具有总体性的大叙事。在整个 20 世纪中国社会与文化格局中，乡土和都市的对峙构成了极其重要的图景。20 世纪中国的历史进程在很大程度上呈现为乡土与都市这两极的冲突与互动，这种互动性与 20 世纪中国社会历史的总体特征有关。20 世纪的中国历史是从古老的传统农业文明向现代工业文明和都市文明转型的时期，正是这种转型构成了文学创作的一个贯穿性的母题，甚至延续到 21 世纪的今天。在两极的互动格局中，更具有主导性的是乡土世界。乡土性不仅仅体现在广大农村中，更重要的是，中国的许多内陆城市也一度生存在乡土文化的延长线上，从而导致了中国的文化传统是一种乡土文化的主导模式。当 20 世纪 30 年代的上海已经成为所谓"东方的巴黎"时，北京却仍被看作传统农业文明的故乡、一座"扩大了的乡土城"。正因如此，费孝通在社会学经典著作《乡土中国》中开宗明义地说："从基层上看去，中国社会是乡土性的。"这不仅仅指中国是一个具有广袤的乡土面积的国度，也不仅仅指中国的农业人口占据国民总人口的绝大多数，同时也意指中国乡土生活形态的广延性和覆盖性。乡土性对中国的社会生活以及中国人的生存方式的影响是基本的乃至全局性的，甚或影响了中国作家和艺术家的审美认知模式。譬如中国第五代导演张艺谋的《摇啊摇，摇到外婆桥》就是一部内含乡村和都市对比格局的电影，也是一部美感分裂的电影。它之所以分裂，正是因为影片描述上海都市情境的前半部分相对逊色，而到了后半部分把外景地移到一个荒凉的海岛上时，电影叙事便一下子流畅了起来，这也造成电影前后两个部分的风格不统一，暴露出张艺谋与大都会的隔膜。同为第五代导演的陈凯歌则拍过表现西北黄土高原的《黄土地》以及呈现知青插队生涯的《孩子王》。你会发现是乡土情结构成了这些影片的灵魂与底蕴，而乡村对第五代电影人而言也正意味着支撑其艺术感受力和美感经验的深厚的故土。

　　理解了中国的这种乡土性，也就多少理解了为什么在 20 世纪的文学研究中，乡土研究一直是显学。但也因此，一些约定俗成的、进而僵化机械的研究模式渐渐生成。雅琳的新著中所表现出的学术自觉首先就落实在对乡土研究领域既有范式的反思。

在讨论乡村与城市时，我发现自己总遭遇一个难解的问题。有几种常见的思路是需要批判的：一种是"城市高于乡村"的文化等级观念，以及随之延伸出来的、认定乡村的问题只有靠现代化和城市化才能解决的发展主义思路；另一种则是将乡村视为神秘和原始的浪漫主义思路。但除此之外，我们应该如何面对乡村之于城市在发展程度上的不同？我们固然需要将乡村与城市的不同理解为一种多元化的"差别"，而非以城市为单一标准的"差距"，但过分强调乡村的特殊性和自足性，以至希望它停留于某种理想中的样态（无论这种"理想"是充满人伦之美的"乡土中国"，还是风景如画的原始边地），是否让我们陷入了雷蒙·威廉斯所说的在城乡问题上的"欺诈"？

在城乡问题上的所谓"欺诈"说并非危言耸听，雅琳援引的是雷蒙·威廉斯在《乡村与城市》一书中的说法：如果认为"社会的发展进程应当停留在现在这个相对的优势和劣势状态、不再变化，那就是一种欺诈"。中国乡土经验在整个20世纪直至21世纪的持续嬗变，其实早已提供了进行差别化描述的可能性，而研究者引入一种变量的动态叙事格局，则是还原乡土中国既有图景的丰富性的必由之路。雅琳的新著首先考量的正是突破已有的相对稳定的研究模式，在此基础上尝试贡献新的视野，其中一个核心的论述线索是在乡土与都市之间建构一种新的整体性。以往的研究总有一种将乡土与都市、乡土与世界进行二元化区隔的倾向，而雅琳的研究试图揭示的是，从现代伊始，中国的乡村就已经与都市和世界胶结在一起，它们的边缘以及分界线从来就不是那么明晰的。尤其是在 21 世纪的今天，都市和乡土其实更是不可分割的：你在都市里吃的东西，大都是从乡村运来的；你在都市打拼，你的父母可能都还在乡村生活。每年春节至为壮观的被称为地球上规模最大的候鸟般迁徙的流动人口，也大都是在城市和乡村之间往返奔波。中国的乡土和都市因此呈现出的是一种彼此参照性，一种交互嵌入或者互相依存的关系。

本书的另一个线索是把乡土与现代性的维度更具新意地连接起来，因而真正展示出乡土视域的开放性以及未来性。其中雅琳念兹在兹的一个核心向度即是"乡土中国"与"现代中国"的对接。

在我们意识到作为一种独立的文化形态的"乡土中国"之后，接下来的问题应该是：如何让"乡土中国"与"现代中国"连接起来？一种既是"乡土"的又是"现代"的想象如何成为可能？一个不得不面对的问题是：我们应该如何理解农村人对于定居城市、成为"城市人"的渴望——一种发自"乡土"，却向往着"现代"的渴望？这是否只是农村人

失去了"主体性"的体现？要知道，正是这种渴望使路遥的
小说《平凡的世界》成为畅销多年的经典励志书籍。

当路遥的《平凡的世界》被学院派文学史家普遍忽视甚至漠
视的时候，雅琳独具慧眼地发掘到的恰是在《平凡的世界》中寄
寓着农村人在都市化的渴望中所蕴含的一种集体政治无意识、一
种"主体性"、一种对于现代性的世纪向往。雅琳的新著由此就
揭示出中国的乡土世界始终内含一种结构性的力量，这种力量即
是"现代性"。如果说以往的研究者更为关注的是在现代性的冲
击之下，乡土固有的传统生活形态、价值体系、古旧的文化美感
正无可挽回地在一点点丧失，以及伴随着丧失而来的怅惘的挽歌
情怀，那么，雅琳对我们习见的挽歌意绪和怀旧心态的恰如其分
的警惕更透露出属于她自己的独有的研究志向。这就谈到了雅琳
借助于尼采的经典论述所捕捉到的"崇高"的范畴，而借助于对
"崇高"的阐释，本书生成的是堪称别致的美学意味，也升华了
雅琳的乡土叙事中的一些独异的面向。与以往研究界所热衷的那
些相对稳定的乡土研究对象不同，雅琳别出心裁地选择了具有边
缘性的对象。正是在诸如斯诺、冼星海、光未然、路遥以及刘慈
欣所链接成的这个似乎有些另类的人物线索中，雅琳挖掘了通向
崇高美学的可能性："他们都试图讲述人即使在极度落后的环境
中也有通往崇高的可能。这是一种另辟蹊径的叙述。"本书的书
名——"上升的大地"，这个带有崇高感的意象也是对尼采的创
造性挪用，雅琳重视的是来自尼采的《扎拉图斯特拉如是说》中

的名言："超人是大地的意义。"无论是对超人的激赏，还是对崇高的诉求，都使雅琳的研究显得别有怀抱。

但我更欣赏的是雅琳对这个"上升的大地"的范畴持有的更繁复的反思性态度："我又突然想起另一种'上升的大地'——《格列佛游记》中的飞岛'勒皮他'。飞岛是斯威夫特对于那些不接地气的知识人的反讽，我如此关注中国乡土的现代性想象中那些最令人振奋的形象，是否也是一种飞岛上的视角？因此，'上升的大地'既是我对'乡土中国'的奇情狂想，又会成为我对自己的一次反讽、一种警醒。"对于一个有着反思的自觉性的学人来说，这种自我反讽和警醒的姿态是更值得读者欣赏的态度。反讽和警醒也把一种非确定判断加诸雅琳自己的研究论域之中，使乡土视界更具复杂性和可能性。崇高也因此不仅仅是一种美学判断，而是一种蕴含了自我反思性的价值立场和经验预设。

雅琳的新著也赋予了"经验"范畴以新的内涵，并试图尝试一种"经验史"的写作形态。在雅琳的理解中，经验史既是方法论，又进一步化为自己的写作形态。

"经验史"意味着，我们所关注的种种貌似宏大的问题，其实应当去日常的零碎经验中寻求答案。"经验"的范围既包括文学经验与音乐经验，又包括情感经验与生活经验。"经验"之所以能成为"史"，是因为"经验"并非只与一时一地相关，若我们将目光放得更为长远，将会发现不同时期、不同地区的"经验"或许关怀着类似的问题。借助"经验史"的视野，我们希望可以从看似独立的文学、艺术、情感、生活案例中找到一种解释问题的可能方法，展望一种充满希望的历史远景。如果说流行的"后现代"学术是以"经验"解构大叙事、大框架的话，那么"经验史"的态度是"建构"，是对以片段通往整全的可能性探寻。

所谓的"经验史"，意味着间接的经验和审美化的体验也足以为研究者可能并没有亲身经历的乡土世界提供着感性学和认识论层面的双重积累。由此，雅琳发掘了"想象"在重构乡土叙事过程中的重要性，也可以说是发掘了"文学性"的重要性："这本小册子的核心是想象。"这本书的每一章都可以说是以"形象"为关键词，因此最后的落脚点居然是刘慈欣的科幻作品，就很可以理解了："在这个时代最流行的幻想作品中，最重要的主题不是卡尔·施米特笔下象征着现代力量的海洋，也不是'天空时代'占据主导地位的'火'与'气'，而是'大地'和有着'大地性'的中国形象。"刘慈欣的科幻并非"星辰大海"的科幻，而是"落地"的科幻，是属于"大地"的科幻。中国传统的乡土主题就这样飞升到了想象力的世界，或者反过来说也同样成立：幻想的世界终于落地生根。在一般人眼中，乡土世界是与诸如"脚踏实地""泥土现实主义""面朝黄土背朝天"等名词、俗语联系在一起的。"面朝黄土背朝天"，即把天空的形象摒弃在想象界之外。乡土似乎容不得想象和虚构，这也许恰恰预示了既有乡土研究可能最欠缺的维度，就是"想象"。雅琳却把想象视为自己的乡土研究的核心图景和视野。当雅琳的研究最后触及的是刘慈欣的科幻作品时，或许把想象的维度提升到一个极致的高度。至少刘慈欣的科幻小说在某种意义上为乡土中国赋予了新的幻想性的维度。譬如在《乡村教师》中，刘慈欣把最贫瘠的西北农村与宇宙中神级的文明扭结在一起，科幻的想象力为乡土视景增添的是新的文明论视野。而想象和科幻的空间也借此为我们熟悉的乡土赋予了陌生的维度，生发了新的文明生机，这就是雅琳建构的属于未来的乡土视野。

　　本书的书名"上升的大地"这一具有本质直观特征的概括，本身就是对新的乡土图景和乡土研究的未来性的塑形，是形象化和想象化的提炼。雅琳的新著由此告诉我们，在21世纪的今天，对中国百年乡土经验的重塑，正是挖掘乡土新的活力和可能性，以及展示乡土世界的未来性的卓绝历程。

导　言

　　由贾樟柯执导的电影《山河故人》上映于 2015 年，讲的是一个关于出走、离散与乡愁的故事。电影分三个时间段落展开，分别是 1999 年、2014 年和 2025 年。前两个段落的背景是中国山西，幽深的矿井、黑暗的迪厅、裸露的远山，以及冰冻的、浑浊的黄河共同构成了贾樟柯特色的沉闷。到 2025 年这个属于"未来"的段落，张晋生带着儿子张到乐离开中国，到澳大利亚生活。于是，电影的背景突然变得明亮、轻盈和透明起来。张晋生用着通体透明的平板电脑，住在一幢墙壁透明、视野敞亮的大房子里，窗外是澳大利亚一望无际的蔚蓝大海。这样的色调设置，反映出的正是中国人对于"过去"和"未来"、"传统"和"现代"的感受："过去"和"传统"是沉重的暗色调，是土地的黑色与黄色；"未来"和"现代"则是清新的蔚蓝色，或者干脆是透明的——是水的颜色。

　　然而，在《山河故人》中这个蔚蓝的、透明的空间里，墙上却出现了一片黄色。仔细一看会发现，在张晋生的澳大利亚豪宅中，最显眼的位置悬挂着一幅油画《黄河颂》。这幅画诞生于1972年，是集体创作的《黄河》系列油画中陈逸飞的作品，在2007年曾以4 032万元的价格创造了中国内地油画作品成交价的最高纪录。它被挂在异国豪宅的客厅里，既象征着财富，又象征着乡愁——或者说，这是一种格外大张旗鼓的乡愁。

不过，《黄河颂》传达的"中国"感觉或许并没有那么简单。《黄河颂》以"河"命名，其画面主体却是山巅屹立的一名红军战士。陈逸飞此前曾有另一版《黄河颂》，画的是一个扎着白羊肚手巾、扛着镢头唱信天游的羊倌。但陈逸飞后来将其改成了红军战士，并在战士的枪杆中添上红布扎成的小花，在脚下画上一行大雁，在山顶渲染出一片耀眼的白光。他觉得这样的表现方式"既英雄又浪漫"。[1]"英雄"和"浪漫"意味着升华。显然，在《黄河颂》中，陈逸飞希望通过这样的山巅战士形象，为黄河赋予全新的本质。这样的黄河既有着"中国"和"大地"的属性，同时又有着"现代"和"未来"的属性。和《山河故人》中那种蔚蓝色的、透明的、属于"水"的现代相比，这样的黄河传达出一种属于"土"的另类现代形象。

在讨论乡村与城市时，我发现自己总遭遇一个难解的问题。有几种常见的思路是需要批判的：一种是"城市高于乡村"的文化等级观念，以及随之延伸出来的、认定乡村的问题只有靠现代化和城市化才能解决的发展主义思路；另一种则是将乡村视为神秘和原始的浪漫主义思路。但除此之外，我们应该如何面对乡村之于城市在发展程度上的不同？我们固然需要将乡村与城市的不同理解为一种多元化的"差别"，而非以城市为单一标准的"差距"。但过分强调乡村的特殊性和自足性，以至希望它停留于某种理想中的样态（无论这种"理想"是充满人伦之美的"乡土中国"，还是风景如画的原始边地），是否让我们陷入了雷蒙·威廉斯所说的在城乡问题上的"欺诈"？——"如果它认为社会的发展进程应当停留在现在这个相对的优势和劣势状态、不再变化，那就是一种欺诈。"[2] 在我们意识到作为一种独立的文化形态的"乡土中国"之后，接下来的问题应该是：如何将"乡土中国"与"现代中国"连接起来？一种既是"乡土"的又是"现代"的想象如何成为可能？一个不得不面对的问题是：我们应该如何理解农村人对于定居城市、成为"城市人"的渴望——一种发自"乡土"，却向往着"现代"的渴望？这是否只是农村人失去了"主体性"的体现？要知道，正是这种渴望使路遥的小说《平凡的世界》成为畅销多年的经典励志书籍。

2015 年，我在舒可文老师组织的一次讨论会上提出了以上困惑与兴趣。舒老师鼓励我以"经验史"的写作形态对这些问题进行探索。"经验史"意味着，我们所关注的种种貌似宏大的问题，其实应当去日常的零碎经验中寻求答案。"经验"的范围既包括文学经验与音乐经验，又包括情感经验与生活经验。"经验"之所以能成为"史"，是因为"经验"并非只与一时一地相关，若我们将目光放得更为长远，将会发现不同时期、不同地区的"经验"或许关怀着类似的问题。借助"经验史"的视野，我们希望可以从看似独立的文学、艺术、情感、生活案例中找到一种解释问题的可能方法，展望一种充满希望的历史远景。如果说流行的"后现代"学术是以"经验"解构大叙事、大框架的话，那么"经验史"的态度就是建构，是对以片段通往整全的可能性探寻。

对于自己的困惑，我在20世纪中国乡土遭遇"现代性"时的诸种经验中找到了一个意象——"上升的大地"。所谓"上升的大地"，意味着既不是一味地降落到大地上，也不是拔着自己的头发离开地面，追逐不切实际的另一种生活。陈逸飞的《黄河颂》中那位屹立于山巅的战士就是这样的形象。而在这本小册子讨论的每一个令人精神奋发的案例中，我都看到了这个意象。

第一章讨论的是，在危机重重的20世纪30年代，当一群知识人或偶然或主动地来到中国西部之时，这片饱经忧患、一度是"天之所忘"的土地呈现出怎样的形象？在范长江和陈学昭那里，西部中国比不上东部中国，东部中国比不上纽约、巴黎和莫斯科，以这样的荒寒之地作为抗战的腹地，将使中国的未来永无希望。这样的疑惑在1949年之后的中国仍有回响。广阔的西部内陆地区不仅是抗战时期中国的核心地带，更构成了后来冷战环境下中国的主体区域。这片与"海洋"相对应的"大地"会给中国带来怎样的命运？在"红色中国"里，埃德加·斯诺遇见了别处少有的、真正充满"愉快"的人。"愉快"意味着他们既不是强权政体"利维坦"下为了活命而挣扎的卑琐者，也不同于那种充满妥协性的传统中国人形象。他们为西部中国带来了一种现代的、全新的形象。当与共产党员邓发在一座汉代皇宫的遗址上会面时，斯诺产生了一种"超脱于我、超脱于中国的那部分变化无穷的历史"³ 的感受，这是一种关于"大地"如何上升的感受。

第二章讨论的是 20 世纪 40 年代的左翼知识人对于"黄河"这一符号的改造。在近代以来的中国，黄河因频繁的水患而被视为"中国之殇"，一直以负面的形象出现。这样的负面形象在 20 世纪 80 年代重新归来。在轰动一时并引发争议的纪录片《河殇》中，作为"蔚蓝色海洋文明"对立面的，不是黑格尔或施米特的论述中与"海洋"相对立的"陆地"，而是充满泥沙的黄河。甚至，时至今日，网上热传的某大公司招聘时的歧视条例里也有一条："不要来自黄泛区的人。"然而，在 20 世纪的"黄河"形象序列中，却存在着一部别样的作品——20 世纪 40 年代诞生于延安的《黄河大合唱》。它不仅继承了作为民族符号的"黄河"，而且将其改造为一个现代的和民主的符号。在《黄河大合唱》中，黄河船夫与惊涛骇浪搏斗的过程是对中国人崇高精神的彰显，由此自然引出"向黄河学习"的命题。从而，它对抗了那种挟西方文明视角将黄河视为落后的"老中国"象征的观点，强调黄河可以作为当代中国人在世界秩序中竞争的力量源泉。这里的黄河不是《河殇》中静止和保守的黄土，而是充满力量、遍及天下的"流动"的"大地"。《黄河大合唱》几十年来仍演唱不衰、饱受喜爱，或许证明了这一形象的独具魅力之处。

第三章讨论的是始终遭受主流文学排斥，却在"人民"中享有极高声誉的作家路遥。我将出生于陕西农村的他视为中国当代文学从 20 世纪 50—70 年代向 80 年代过渡的关键人物。路遥贡献了一个当代文学名词、一个最为强烈地凝结了当代社会变革问题的特殊场所——"城乡交叉地带"。在 20 世纪 80 年代，城市与乡村被安置在"现代"与"传统"的对比框架之中。在城乡交叉地带所发生的问题，便被简单地视为"文明与愚昧的冲突"。路遥那部得到主流文学界最多认可的作品《人生》，正是遵循这一思路展开。故事发生的地点是城乡交叉地带，其结果却是城市与乡村、现代与传统"无法交叉"。农民只能被牢牢地限制在自己出生的大地上，无法被现代、被城市接纳。20 世纪 90 年代登台的贾樟柯、王小帅等第六代导演念兹在兹的"小镇"，未尝不可被视为城乡交叉地带的变体。他们的影像叙事中，小镇青年们那无法逃离的宿命，其实可以被纳入《人生》的范式之中。城市与乡村、现代与传统的真正交叉出现在《平凡的世界》中，以孙少平和孙兰香为代表的双水村年青一代历尽磨难，终于从农村走进城市，同时并没有放弃他们的土地感受。在农村和农民被视为"愚昧"的 20 世纪 80 年代，这是路遥为千千万万"大地"上的农村青年找到的通往高贵的上升道路。这条道路的出现，与路遥所携带的 20 世纪 50—70 年代的文学资源有着密不可分的关系。20 世纪 50—70 年代正是一个关怀中国之"土地性"的时代。

　　第四章是对于当下有关"离乡－进城"的几种代表性叙事的考察，是这本小册子中"学术气"不那么浓的一章。离乡背井的大迁徙几乎成为每个当代中国人的命运，由此也在不同人群中衍生出不同的表达方式。迁徙的一方面是"由城返乡"，当学院知识分子回到家乡，发现理想中的"乡土中国"因农民工的"离乡-进城"而衰落，乡愁也就因此而生。而另一批从小城走出的年轻知识人，则似乎毫无保留地拥抱都市所代表的现代价值观。对他们而言，"返乡"不再是回到那个温馨的港湾，而是重新陷落于传统的束缚。上海彩虹室内合唱团的《春节自救指南》这样的"爆款神曲"正迎合了他们充满怨怼的心理。迁徙的另一方面则是"由乡进城"，在纪录片《我的诗篇》的案例中，"打工诗人"们所表达的漂泊感被大学生、年轻白领等其他城市漂泊者分享。这就意味着，一种朝向"我乡我土"的共同情感——乡愁，可以成为联结不同人群的桥梁。在现实主义传统中，乡愁总是涕泪飘零的，但当我读到刘慈欣的科幻小说《中国太阳》时，发现它或许讲出了不同的故事。在这部作品里，"离乡"的叙事情调被改写为充满崇高的豪情。这种崇高不是来自"工人阶级""艺术家""诗人"等神圣的外在名号，而是诞生于他们的日常劳动和乡土情怀本身。在小说中，农民工水娃一步步从贫瘠的西北小山村来到北京，继而进入太空，飞向宇宙深处。当他在这一过程中感到"站在这么高处，人想的事情肯定不一样"之时，这不仅是对于空间转移的描述，更是一种关于大地上升的"想象"。

是的，想象。这本小册子的核心是想象。当我在历史和当下寻求关于"大地"的正面表述时，最后的落脚点居然是科幻作品。以上每一章，我都将重点放在"形象"上。最后，我却发现，在这个时代最流行的幻想作品中，最重要的主题不是卡尔·施米特笔下象征着现代力量的海洋，也不是"天空时代"占据主导地位的"火"与"气"，而是"大地"和有着"大地性"

的中国形象。面对人类未来可能面临的忧患，刘慈欣从中国及第三世界反抗西方殖民（即反抗"海洋"）的历史中找到了"游击队"和"先锋队"的精神，帮助后革命时代的我们想象资本主义之外的另一个世界、另一条道路和另一种普遍性。在施米特的《陆地与海洋》一书的中译本序言里，译者指出"气"和"水"之于"土"的不同，在于它们"动荡不居，桀骜不驯，具有极强的机动性"[4]。然而，在晚于《陆地与海洋》的作品《游击队理论》中，施米特将游击队员的特点描述为"灵活、迅捷、突变，一言以蔽之——高度机动性"[5]。与此同时，施米特还强调游击队员拥有"依托大地的品格"[6]。游击队员的出现，是否意味着"土"元素被赋予了流动性？而刘慈欣笔下拥有游击队员品格的第三世界科学家们，是否使大地和大地上的人"动"了起来？刘慈欣的科幻并非"星辰大海"的科幻，而是"落地"的科幻，是属于"大地"的科幻。

本书的另一个关键词是"崇高"。20世纪80年代以来的中国当代文学以"消解崇高"为时尚，流行的作品中充斥着尼采笔下的"末人"。但在这本小册子讨论的案例中，无论是斯诺还是冼星海、光未然，无论是路遥还是刘慈欣，都试图讲述人即使在极度落后的环境中也有通往崇高的可能。这是一种另辟蹊径的叙述。回到本书的书名——"上升的大地"。这个意象当然是来自尼采的《扎拉图斯特拉如是说》中的名言："超人是大地的意义。"[7]尼采通过扎拉图斯特拉之口，教导人们要舍弃彼岸而忠于大地，但与此同时，大地上的人也应当成为"超人"，创造出比现在更"高"的生活。这提供了一种不同的"大地"想象：在拒绝彼岸的同时，避免在当下沉沦。我将它挪移为有关中国乡土的现代性想象的意象，期盼一种具有同样品质的中国大地和大地上的人的形象。不过，写到这里，我又突然想起另一种"上升的大地"——《格列佛游记》中的飞岛"勒皮他"。飞岛是斯威夫特对于那些不接地气的知识人的反讽，我如此关注中国乡土的现代性想象中那些最令人振奋的形象，是否也是一种飞岛上的视角？因此，"上升的大地"既是我对"乡土中国"的奇情狂想，又会成为我对自己的一次反讽、一种警醒。

感谢舒可文老师将这本小册子收入她组织的"经验史"书系。她对那时还是硕士研究生的我予以宝贵的信任，鼓励我将最初的零散想法进行系统的写作。我一直对此非常感动，并且不敢懈怠。感谢我的博士导师吴晓东老师慷慨允诺为本书作序。这本书写于我从当代文学专业转入现代文学专业的初期，谢谢吴老师一直用温和的态度包容我的粗浅，勉励我成长。感谢中信出版社负责本书的刘丹妮女士，有了她的精心编排，才会有这本书的诞生。

第一章

西部中国的
"现代"形象

君不见，青海头，古来白骨无人收。新鬼烦冤旧鬼哭，天阴雨湿声啾啾！

——杜甫《兵车行》

自民初以来，西北备受水旱、兵疫、地震及政治黑暗之灾祸，西北真是痛苦极了。我们因此联想几年前，到西北游历的西洋人的一句话，"西北地方是天之所忘"。

——宋子文《建设西北——廿三年四月
二十七日在西安民众园欢迎大会演讲》

我所以兴奋，是因为摆在我面前的这次旅行是要去探索一个跟紫禁城的中世纪壮丽豪华在时间上相隔千百年、空间上相距千百里的地方：我是到"红色中国"去。

——埃德加·斯诺《红星照耀中国》

"万里赴戎机，关山度若飞"，想起一些古诗，我迫切地盼望延安的诗人们写出一首雄壮动人的现代的"送出征"诗。

——陈学昭《延安访问记》

现代变局中的中国西北

在同治十三年（1874年）的一封奏折中，李鸿章写下了一段后来十分著名的文字：

> 历代备边，多在西北，其强弱之势，客主之形，皆适相埒，且犹有中外界限。今则东南海疆万余里，各国通商传教，往来自如，麇集京师及各省腹地，阳托和好之名，阴怀吞噬之计。一国生事，诸国构煽，实为数千年来未有之变局。[1]

如今，"数千年来未有之变局"已成为人们描述晚清以来的中国在面对西方现代性冲击时的固定短语。然而，如果我们对这一短语的提出背景加以留心，就会发现，李鸿章在讲述"数千年来未有之变局"时，隐含着一种地理视野上的转移。他认为，作为对西方势力的回应，国家治理和防御的重心应当从西北转向东南，从内陆转向海洋。

虽然李鸿章的主张在当时遭到了左宗棠等人的反对，但向"东南海疆"倾斜确实成为晚清以来的政治趋势。一系列以西方为模板的办海军、开工厂、设新学等"洋务"活动都在东南沿海展开，远未涉及西北内陆地区。罗志田曾观察到，晚清的兴办新学导致了边缘地区被排斥。一方面，新式学堂培养的毕业生大规模地流入都市；另一方面，内陆省份的读书人难以购买新学书籍，无法和身处新学氛围之中的沿海地区士子竞争。[2] 从这一例子中即可发现，晚清以来中国的现代"变局"并非均质地发生在中国各地，而是以东南沿海为主要场所。西北内陆地区是中国现代化进程中首先被抛下的地区。

当然，历史并不会如此单线条地发展。在东南沿海的新学日盛之前，面对清帝国的海洋忧患，龚自珍、魏源等大批有识之士提出的方案是"经略西北"。龚自珍强调"西北不临海"反而可能带来优势，魏源在《答人问西北边域书》中驳斥时人"捐西守东"的论调，并像龚自珍在《西域置行省议》中一样提出了促进内地人口西移和西北开发的构想。他们的西北论述并非独立于"海洋时代"，而恰恰是应对"海洋时代"种种威胁的产物。[3] 在"数千年来未有之变局"的大转型中，中国西北内陆在现代化进程上被甩在东南沿海之后。但与此同时，在另一些人看来，西北已成为中国应对西方压力的重要腹地。他们的主张并非心血来潮，而与帝国时期的传统治理方案有着千丝万缕的联系。

从海洋视角看，西北自然属于"内陆"。但从陆地视角看，西北则属于至关重要的"边疆"。历史上，中国受到的威胁主要来自东北、北部和西部，来自欧亚草原和欧亚大陆腹地。因此，清朝一向重视东北、蒙古、新疆、西藏"四大边疆"，并依靠满蒙联姻和喇嘛教对其进行控制。[4] 然而，清帝国的解体使西北在中国的现代变局中越发处于被抛弃的地位。清朝统治者具有中国皇帝、蒙古大汗、满洲族长、喇嘛教信徒等多重身份，因而得以将作为"复合社会"的中国统合为一个整体。在以"驱除鞑虏，恢复中华"为口号的辛亥革命后，满、蒙、藏、回等民族对于中华民国的认同一直存在疑虑。[5] 当时的西北中国盘踞着各种政治势力，实际上处于国民政府的掌控能力之外，因此无法得到有效的治理与开发。这样的情况，宋子文在 1934 年的一次演讲中引用了西方人的观点作为概括："西北地方是天之所忘。"[6]

　　然而，在 20 世纪 30 年代，由于地缘政局的转变，西部中国重新跃升为有关"现代"的讨论中的重要角色。1932 年，"一·二八事变"爆发后，国民政府意识到东南沿海地区面临的安全威胁，于是通过"以洛阳为行都，以长安为西京"的决议，出台《开发西北之计划大纲》《西北开发计划》等一系列西北建设计划，力图在国防、交通、水利、矿产、畜牧、农业以及教育、文化、卫生等各方面对西北进行开发与治理，目的在于推进西北的工业化与现代化，将之作为抵抗日本的大后方。[7] 和之前的"天之所忘"相比，此时的西北一变而成人们关注的重心。

　　　　最近是大不同了，中央的人，纷纷到西北，社会的领袖，也纷纷到西北，"到西北去"已成一种"国是"了。[8]

在西部进行的这一系列"现代化"举措引发了广泛的社会关注，报刊对此迅速做出了反应。时任《大公报》记者的范长江，在1935—1937年奔赴四川、甘肃、西藏、陕西等地，写下了一系列西北行记。其中大部分文章日后结集为《中国的西北角》和《塞上行》二书，引发极大反响，畅销一时。20世纪30年代热极一时的国民政府开发西北计划，在《中国的西北角》中留下了痕迹。

> 记者所过岷河沿岸之镇集，随处见有欢迎××委员，××长之标语，新旧重叠，似被欢迎者，已不知曾有若干人矣。标语多不通，且沿途所见标语，总不出下面几条内容："××委员（或××长）是为开发西北而来！""××委员（或××长）是西北民众的救星！""××委员学识高超！""××委员是军事优良！""××委员是不辞辛苦，""欢迎××委员保护西北民众！"……[9]

除了国民政府主导的西北开发事业，此时促使人们关注西部中国[10]的另一因素是红军长征和延安的情形。范长江对红军长征的同步报道正是他收获广泛关注的重要原因。时任《密勒氏评论报》记者的埃德加·斯诺也因关注中国共产党革命根据地转移到西北后的情况而在1936年"西行"，写出他最具影响力的作品

《红星照耀中国》。稍后跟进的知名人士还有因读了范长江和斯诺的新闻报道而对西部充满好奇的女作家、留法归来的文学博士陈学昭。1938年,陈学昭以《国讯》周刊特约记者身份从重庆辗转经过成都、绵阳、宝鸡、西安等地后到达延安。陈学昭写道,"统一战线刚成立的时候",延安有国内外新闻记者来访问,各种团体来参观,还有"一个两个人单独地来探奇的",这让"大约稍稍关心国事的人"都对延安"总已有了一点影子"。但在一般人的眼里,延安依然是无比神秘的。[11]可见,延安构成了那一时代西部中国的重要吸引力所在。

有意思的是,在后来结集为《延安访问记》的旅行笔记开头,陈学昭写到船票紧张的情形和同船的旅客们,他们中有大学教授和大学生,还有"好几个自江浙流亡出来的家庭"。这一段看似闲笔的文字,其实已经隐隐折射出抗战时期中国人口从东南向西部的大规模转移。对于不少人而言,到西部去已经是或者即将成为不得不选择的行为。这一时期更为著名的西部迁徙主体,则是后来成为传奇的西南联合大学。陈学昭提到一名同行的华西协和大学学生,而华西协和大学所在的华西坝,正是齐鲁大学、燕京大学、金陵大学和金陵女子大学(后来与华西协和大学并称"五大学")西迁至成都后的校舍场所。文学家随手记下的几笔,读来却有对于真切历史经验的精准记录。

在三位记者踏上西部之旅的动机中,西部因交通不便而造成的神秘好奇之感是一大因素。除了陈学昭讲述的延安之神秘外,范长江在《中国的西北角》开头大言,"机会是一个美丽的姑娘",

倘若抓不住，即使苦苦思念也无济于事。斯诺的《红星照耀中国》则以长达好几页"未获解答的问题"作为开头。他们在旅途初始，既对西部充满令人兴奋的猜想，又怀有前路茫茫的困惑——或许，斯诺是其中不那么困惑的例外。

困惑之一在于，作为革命根据地的"红色西部"是否具有"现代"性质。经典的马克思主义理论认为，革命主力应该是诞生于工业化大城市的无产阶级，但当中国共产党将革命根据地转移到西北农村地区时，中国共产党的革命是否还能保持其"现代"的无产阶级革命性质，是否会逐渐退化为中国历史上曾不断出现的"农民起义"和"农民战争"？范长江和斯诺的西部中国之旅几乎同时结束在 1936 年 12 月 12 日的"西安事变"，他们对这一时期中国西部政治力量的剧变给出了相反的判断。前者认为转移到西北落后地区的中国红军已沦为传统的农民暴动组织，无法实现共产主义革命的目标；后者虽然承认西部中国在经济和政治条件上的落后，但坚信中国革命"一定会继续成长"，"最后终于会获得胜利"。[12]

困惑之二则来自西部中国是否具有"现代性"的问题。这关涉西北开发的可能性和苏维埃政权西迁后的前途命运。范长江在为西部的极端落后而痛彻心扉之余，却猛然发现，西部地区少数民族的某些习俗与最现代的标准隐隐相通。陈学昭发现了西部中国与欧洲的相似之处，但这种相似很快被证明只是一种表象，旅行开端时的兴奋迅速转为失望。从唐宋以来中国经济重心的转移，到近现代以来自东南沿海地区开始的现代化，沿海之于内地、东南之于西北拥有更为优越的地位。范长江和陈学昭共同产生的失望情绪不仅来自西部中国极端落后的实际状况，也来自中国内部的文化差异。在作为"东方人"[13] 的他们看来，西部内陆地区的异质性文化是"前现代"的象征和需要被"启蒙"的对象，不仅比不上东部沿海地区，更与西方文明相差甚远。这样的"前现代"西部，是否可以作为中国抵抗外来侵略和进行现代化建设的中坚地带？

20 世纪 30 年代的西部中国能否拥有一种"现代"形象，这一问题事关信心。当时，西部是中国的落后地区，中国同样也是全球秩序中的落后地区。因而，西部中国不仅是抗战腹地，而且在象征意义上成为全中国命运的一个指向标。20 世纪 30 年代存在着两种思路：一种是以国民政府为代表的西部资源开发与经济建设思路，一种是通过共产党革命实现变革的思路。这两种思路实际上是相互交织的。在不少人看来，落后的西部只有首先完成经济建设的现代化才能成为中国革命的基础。范长江认为，中国红军转移到落后的西部后不再可能进行共产主义革命，这样的观点在当时属于典型。范长江和陈学昭希望在西部发现"现代因子"，但最终还是对在如此落后的环境下展开的抗日战争与中国革命的前途表示失望。相比之下，斯诺却因捕捉到了活跃在延安的现代革命者而展现出其他西部行记中所缺乏的亮色：这种不受落后环境限制并反过来改造了环境的现代革命者，最终为西部中国创造了一种具有感染力的"现代"形象。《红星照耀中国》的成功，首先是这一"现代"形象的成功。

从古典"游记"到现代"新闻"

在范长江前往西部中国的前一年，恰逢现代中国的"旅游热"和"游记作家热"。1934 年，郁达夫的《屐痕处处》、周天放和叶浅予合著的《富春江游览志》、许世英的《黄山揽胜集》等"游记"和与旅游相关的书籍相继出版，"游记作家"成为当年的热门名词。这一现象的背后，有着政治力量和经济力量的推动。《屐痕处处》和《黄山揽胜集》与当时政府正在推动的铁道交通有关，而《富春江游览志》则被称为"开中国旅游手册之先河"。然而，尽管含有现代的政治或经济诉求，这三部作品的写作依然保持着中国传统文人游记的特点：传统方志、诗词、联语、笔记被大量引用，山水风景与人文情调在其中实现完美的融合。《富春江游览志》专辟"诗词"一章，收录了谢灵运、权德舆等人有关富春江的上百首历代题咏，《黄山揽胜集》也以"古今诗文记载"作为附录。[14] 在《屐痕处处》中，以其中的第一篇《杭江小历纪程》为例，当郁达夫"登轮渡江，尚见落日余晖，荡漾在波头山顶"，他就"随口念出了"两句诗：

> 落日半江红欲紫，几星灯火点西兴。[15]

到了诸暨，郁达夫则先是讲述了西施的故事，继而为西施庙集句写成一副对联：

百年心事归平淡，十载狂名换苎萝。

还有一首绝句：

五泄归来又看溪，浣纱遗迹我重题。
陈郎多事搜文献，施女何妨便姓西。[16]

接下来，当车过义乌，郁达夫又想起了义乌人骆宾王的故事，再次写出一首诗：

骆丞草檄气堂堂，杀敌宗爷更激昂。
别有风怀忘不得，夕阳红树照乌伤。[17]

郁达夫几乎复制了传统文人游记中随处题咏的情调与姿态，这样的行为也出现在范长江的西部旅行中。1935 年开始"西行"的范长江，在他的新闻报道中引用了大量古典诗文：从李陵的《答苏武书》到班超的《求代还疏》，从"君不见青海头，古来白骨无人收"到"关山万里远征人，一望关山泪满巾"，从"今夜不知何处宿，平沙万里绝人烟"到"酒泉西望玉关道，千山万碛皆白草"……但特别的是，除古典诗文之外，范长江还引入了现代的经济学视角。当范长江行至弱水时，他先引用了杜甫、苏轼等人描写弱水之"边荒"的诗句，这依然是传统游记的笔法。但他笔锋一转，继而畅想筑堤束水，让弱水河滩变成农地。[18] 在行至洮河时，范长江同样构想的是，"如能凿井开渠，陇东之前途，仍未可限量"[19]。传统的游记写作更多地希望将读者带入历史记忆之中，而范长江认为，西部中国在传统诗文游记中的形象太差，"容易给人以凄凉的印象，减少前进的热力"[20]。比起古典文学中作为荒寒之地的西北形象，经济学视角的引入则有助于人们构想一种关于西北未来的光明图景，以此更新其旧有的落后面貌。

同样，范长江笔下的西北风景也不再是游记作家笔下作为无功利审美对象的"山水"，而是可为中国现代化服务的"物质资源"。当他看到弓杠岭下的原始森林因无人采伐而自然腐朽时，想到的是，要是这样的森林长在天津、上海，"不知有多大的价值！"[21]他还写到一只大鹿在藏族松潘地区值300元，如果运送到"东方都市"则可以卖上近千元。[22]用著有《文明论概略》的日本思想家福泽谕吉的话说，这样的思维方式意味着"人的智慧已经战胜自然"，大自然成为"文明人的奴隶"[23]。西部中国从"自然风景"向"物质资源"的转变，是从古典"游记"向现代"新闻"的文体转换，更是一种对"原始"的西部进行现代化开发的设想。

在这种经济学思路之下，范长江将现代经济的发展视为解决西北问题的唯一方案。他提出，"真正的近代民族主义和爱国主义"无法出现在农业社会，只有当"工商业把一个民族连为紧密的有机体"时，民族的真正团结才可能实现。[24]范长江在经济发展与民族团结之间建立起的联系，为我们勾连起20世纪30年代

国民政府希望通过经济一体化方案构建民族主义的设想。1932 年
1 月至 1935 年 12 月任国民政府实业部部长的陈公博曾提出"民
族经济"这一重要概念,他认为民族主义的核心就是"一体化的
民族经济"。帝国主义入侵所导致的半殖民地社会状况是当时中国
工业发展的主要障碍,而只有建立了一体化、集中化的工业结构,
中国才能从落后的"封建"国家转变为先进的"现代国家"。[25] 范
长江希望通过工商业建设解决西北的落后和分裂问题,正与此一
脉相承。

经济学视角产生的问题是,对某一地区之"现代"与"落
后"性质的判断,全依赖于生产方式上的"现代"与"落后",
由此也引申出对转入西部后的中国共产党革命性质的疑问。范长
江认为,作为近代大工业城市和近代交通的生产基础的无产阶级
可以对社会变革产生决定作用,但当时的中国共产党不仅将基础
建立在农民而非工人之上,而且跑到还处在"绝对的神权政治时
代"的藏族社会里,想要在这样的社会基础上谈共产主义,"这
等于同三岁孩子谈恋爱,时代相差太远!"[26] 在第一次西北行中
写就,后来引发重大反响的新闻报道《岷山南北剿匪军事之现
势》中,范长江再次表示,作为红军基础的"无产阶级"其实大
多是破产农民,而非列宁所说的作为"近代无产阶级"的"普罗
利他利亚",因而中国红军已经"彻头彻尾为农民暴动的军事组
织"[27]。落后的西部农村不足以支撑共产主义革命的开展,这几
乎是当时人们的共识。

从西部旅行所得经验中,范长江总结出一种"前进生活支配

后进生活"的法则。他看到，黄河边的筏客对附近藏族人的农业生活方式不感兴趣，却非常羡慕远方北平、天津、上海、南京等"东方都市"的生活（这一点，与当代中国人的心态似乎相差不远）。由此，范长江发出如下感叹：

> 都市支配农村，大都市支配小都市，上海支配中国的内地，而伦敦与纽约又支配了上海。毛泽东和朱德他们在农村中拼命将近十年，至今还没有把中国政权争夺到手，就是他们还没有力量把支配中国的几个大都市把握得着！[28]

同样地，在访问蒙古王公达理札雅时，范长江发现蒙古王公不再固守传统的蒙古族生活方式，而是逐渐"平化"——住在北平式的王府里，使用西洋式的沙发椅子、煤气灯、香烟、打火机，讲着北平话，穿着北平服装——"猛烈地向进步文化转变"。由此，他再次得出了"前进的文化必然领导后进的文化"的结论。根据生产方式上的"现代"与"落后"，范长江在西方、上海、内地小都市、农村之间建立起了一条"前进文化"与"后进文化"关系链，西部内陆地区在其中处于现代程度最低的等级。因而，在他看来，以西部为腹地的中国革命必然在现代力量面前一败涂地。

但在另一些时刻，范长江也在经济和文化条件落后的西部中国找到了"现代"因子。他看到藏族女子在天热时或劳动时上身全部祖露，提出"这才是最近代的最解放的女性"[29]。他还认为，藏族女性因为长于蛮荒，得到了充分的日光、空气、水和充足的体力劳动，因此"十足的具备近代美之要件"[30]。此外，范长江发现藏族人有"重少轻老"的习俗，提出这种习俗正适合科学与知识日新月异的工商业社会，而中国传统的"尊老敬长"观念是农业社会的道德，已经不合时宜。范长江既认为在尚处于神权政治时代的藏族社会进行革命等于"同三岁孩子谈恋爱"，又在藏族社会的不少现象中找出了"解放"与"近代"（即今日之"现代"）的因素，这体现出其"现代"观念的复杂性。在晚清以来的语境中，现代一方面意味着都市化、工商业化，在此视野之下，西北当然算不上"现代"；另一方面，经过新文化运动，当中国传统的主流文化被整体认定为"前现代"的"封建"文化之时，不同于中国传统主流文化的西部地区反而可能显露出"现代"的样态。不过，藏族社会的"原始性"与"现代性"只能算得上形似，在本质上仍存在差别。范长江将二者如此直接地对接，体现出在西部寻找希望时因操之过急而产生的"误认"。这样的"误认"，在留法归来的陈学昭那里体现得更为明显。

留法博士的欧洲田园梦

在《延安访问记》中，陈学昭一再表达了自己对于西部中国之落后程度的惊叹。她在开篇不久处如此描写自己在四川的"乡间生活"。

> 我自有生以来，从没有接近过那样的农村：四周只有稀稀的草屋，没有一家店铺，来往于狭隘的山路上的，就是那些赤脚的下田的男女同胞，他们是那样的质朴、天真、辛勤，他们又那样的贫苦，绝对不能以江浙的农人来比的。[31]

陈学昭对于西部中国之"质朴""天真""落后"的描述，总是联系着一个与其东部故乡的对比框架。她在"继续参观，继续访问"一节中将这种对比拓展到西方都市。

> 不但延安的物质条件太差，比不上巴黎、纽约、莫斯科，就是连江浙的一个小镇，好比海宁县属的长安镇之类也比不上。[32]

和范长江一样，这里也出现了在"巴黎、纽约、莫斯科"等国际都市与江浙小镇和延安之间的等级关系。延安不仅在相对于西方都市的意义上，而且在相对于中国东南沿海的意义上也被认为是"前现代"和"原始"的地区。而在"工作与技术人员"一节中，陈学昭将工作和玩笑不分视为外国人眼中"中国人的特性"，并认为陕北老百姓更体现出这种"原始的狡猾性格"[33]。这同样有意无意地延续了在西方、中国、陕北之间的等级关系。其中，陕北被放置在最"原始"的位置。西部中国的物质条件确实太差，但有时陈学昭也会展开另一种视角，将西部中国与欧洲风情联系起来。当她在延安附近一个小村庄的茶铺前等车时，曾有

这样的联想:

> 在大树荫下,望着质朴的山景,好似十分熟悉。我想起在珊雅(Ceyrat),法国中央高原的一个小村的夏天,我好几次同了朋友在一家大树边的咖啡店里喝咖啡,游人在那里买油煎马铃薯片吃。[34]

在这里,延安地区那种不同于"城市"的"乡村"感,被陈学昭联想为欧洲式的"田园"风情。陈学昭对这样的欧式情调念念不忘,当天傍晚在甘泉县的小馆子里喝茶时,陈学昭又有类似的联想:"像欧洲 Vogue 里的人。"[35] 类似的例子不一而足:在延安的窑洞前踱步时,陈学昭说自己"真想弹一曲 Schumann 的《春天》"[36];当她遇到李六如先生时,则感到他"有一点欧洲老年人的风味"[37];至于延安的夜,在她看来就"完全像"香港九龙的夜景,或者是"从 Hante ville 瞭望 Lompgne 的村景"[38]。陈学昭在延安农村与欧洲田园之间的强行类比,与范长江从藏族风俗中找出现代因素的思路十分相似。

这并非全然是陈学昭的装腔作势,而是一个时代的真实经验,背后勾连着人们思想轨迹的变迁。在被陈学昭认定为"原始"和"落后"的延安农村与欧洲的田园风情之间,其实有着内在思路的贯通性。欧洲文化中的田园梦想,是 19 世纪以工业化和城市化为导向的现代化进程产生的结果。城市对工人的需求使大量"粗俗的"农民向城市迁移,与此同时,城市的"上流人士"则纷纷迁居乡村。其结果则是，乡村被认定为一个与"人工、肮脏、丑陋"的现代城市相对立的"原始浪漫之地"，一个"自然、人道、美"的场所。[39] 在浪漫主义者眼中，这样的原始乡村具备着感性的颠覆力量，孕育着"新生"的可能性。同理，在陈学昭这里，与国民党和"资产阶级"牢牢掌握的、"腐败"的现代大都市相比，西部农村和农民虽然"原始"和"落后"，但具备质朴、健康和充满朝气的性质。《延安访问记》中不断出现"延安是青年的城市""边区是青年的摇篮"之类的表述，延安的"原始"和"落后"，从另一角度看则可能成为一种"青年"属性，具有为老旧的中国找到新生道路的可能。

　　然而，这种浪漫主义"误认"只是短暂的。陈学昭始终在"我们江浙人"和"他们延安人"之间划出界线。她指出，延安老百姓的顽固、狡猾、褊狭和"牛皮糖似的脾气"，"少有使我们江浙人同情的"，这是"历史、地理，特别是生产方式"导致的结果。[40] 陈学昭的"误认"可能更接近于一种"东方主义"：一面将他者作为美和惊奇的欣赏对象加以赞美，一面又以"科学"的态度加以贬低。[41] 陈学昭与其说是发现了西北内陆乡村的真实状况，不如说是在对于"原始"和"落后"的感知中寄托了对现代变乱之前的世界的怀念。这种情感，在欧洲浪漫主义传统中是"田园梦"，在中国传统中就是"乡愁"。只有这样，我们才能理解陈学昭一次奇妙的情感跳跃。她在看到延安农田里的荞麦、黑猪和老鸦时大发感慨："这一幅米兰的风景，使我惆怅地想起田园风物来，唉！是这样的遥远了！"[42] 延安的农田、米兰的风景和江南故乡的"田园风物"这三种完全不同的事物被她自然地并置在一起，彼此之间转换无碍。而在这一段之前，她写道：

> "唉！这个地方是太苦了！今年会连毛豆都没有吃过！"当我的心静下来，好似立在山坡上，望着这一片的黄沙山与黄泥土，我不禁有点凄惨起来。"这个地方是太苦了！"而惊奇我自己到了这样苦的地方，那样地远离我的家乡！……在延安住了九个月，我也有了这类心情，只要能使我回家乡，任何代价我都愿出。但是，家乡不是被日本鬼子占住着么？那么怎样赶走日本鬼子呢？[43]

类似的感叹还有：

> 但愿快快赶走鬼子！我还可以去过过故乡的有青蛙鸣叫的夜晚，也还可以去吃吃那些鲜美的香蕉！[44]

"这个地方"和"故乡"的界限是分明的。陈学昭的乡愁既与战争对家乡的破坏有关——"家乡不是被日本鬼子占住着么"，又与自己从江南来到西北的国内空间转移有关——"到了这样苦的地方，那样地远离我的家乡"。有学者指出，在 20 世纪早期的中国，存在着两种形态的民族主义：一种民族主义产生于西方侵略之下，因而具有较强的种族内涵；另一种民族主义则是中华晚期帝国以文化和宗教为主要内涵的民族主义，它以较小的社会群体作为认同的基础。[45]而中国的革命若要完成整体的动员，就必须整合这两种民族主义，将各个小的社会群体组合到一个现代的民族国家之中。陈学昭的"赶走鬼子"是前一种具有种族内涵的民族主义；她身处延安而产生的对江南故乡的乡愁，则是以地域为基础的、基于较小社会群体的民族主义。二者并存于陈学昭的情感结构之中，却并未取得协调。尽管乡愁常被用作鼓舞抗战的武器，革命的目的往往被描绘成对于古老田园和理想秩序的恢复，[46]但那只能对某一小型社会群体内部的成员产生效果。在汇集了众多外来者的延安、在包含着各阶层各地域的"抗日民族统一战线"面前，乡愁的整合和动员作用并不明显，反而暴露出中国内部的文化差异。

在都市"腐败"而乡村"健康"这一点上，内地人与作为"江浙人"的陈学昭其实分享了类似的观点。在陈学昭与一位出生于湖南、从南京来到延安的志愿医生的对话中，她们讨论到江浙人因为地方富庶、生活优越而革命性不如内地人的观点。而针对鲁迅艺术学院（简称"鲁艺"）表演的话剧《今天》不受人喜爱这一现象，陈学昭指出，这是因为内地人特别是农民存在一种成见，"以为住在上海的人都是些坏蛋，正如我国人一谈到巴黎，就象征荒淫"[47]。在这种观点中，西部中国的农村地区因其"原始"而保持了道德上的纯朴，因而得以反转在西方都市、中国都市、中国农村之间建立的等级关系。然而，一方面，这并未说明西部中国的"现代"性质，反而在赞美尚未堕落的乡村道德状况之时印证了西部的"原始"形象；另一方面，正如内地人在将巴

黎视为"荒淫"的同时也必然将上海人视为"坏蛋",这种观点
可能将中国沿海与内地、东部与西部的文化差异推向分裂,有损
于"抗日民族统一战线"。如何解决这一难题?

　　针对内地人对于话剧《今天》的不满,陈学昭指出,"正如
逛上海四马路的人不是上海人,上海的工人们享受不到上海的繁
华"[48]。"四马路"即福州路,是上海租界的中心地带。陈学昭
区分了外国殖民者(即"逛上海四马路的人")与上海人,上海
资本家(即"享受上海繁华的人")与上海工人,也就以阶级的
视角取代了地域的视角,以压迫与反抗的关系取代了各个地区之
间现代等级的差异。在这样的视角下,上海的工人与延安的农民
同属于受压迫的阶级。而放大到全球格局之中,上海本身也是被
西方殖民者侵占的地区。在作为被压迫者的意义上,上海与内地
处于同样的位置,这正是"抗日民族统一战线"之"统一"的可
能。陈学昭的表述并非从某种整体性的视野出发,只是对于所遇
之事的随口评价。但这一表述其实暗中剥除了人群和所处环境之
间的捆绑关系,因而透露出一种全新的逻辑:现代人和现代的无
产阶级并非只能诞生于现代的环境,而同样可能在落后的环境中
出现。埃德加·斯诺的《红星照耀中国》,则成为对这一逻辑的有
意凸显。

红色中国:愉快的现代革命者

　　范长江和陈学昭的西部之行,总体基调是失望的。同样在20

世纪 30 年代 "西行" 的美国记者埃德加·斯诺却逐渐被中国，尤其是被西北角的 "红色中国" 深深吸引。此后，经由他的描述，"红色中国" 的魅力感染了无数《红星照耀中国》的读者。最早在 1936—1937 年之交接触到斯诺的陕北采访成果的燕京大学学生，几乎是集体性地倾向于中国共产党。他们组织了两个陕北访问团，其中有不少学生就此留在延安，更有人加入了中国共产党。[49]《红星照耀中国》一书的奇妙魔力究竟来自何方？

斯诺文笔轻松幽默，善于设置悬念，作品读来相当引人入胜。其中，"愉快" 是他在描写 "红色中国" 时最常使用的一类形容词。描述 "红小鬼" 时，他使用的词语是 "情绪愉快、精神饱满，而且忠心耿耿"。在此之前，他从未见到具有 "这样高度的个人自尊" 的中国儿童。[50] 他对于周恩来的评价则是：

> 他似乎是一点也不像一般所描绘的赤匪。相反，他倒显得真的很轻松愉快，充满了对生命的热爱。[51]

他也如此评价普通的红军战士：

> 在我看来，他们相当快活，也许是我所看到过的第一批真正感到快活的中国无产者。在中国，消极的满足是普遍的现象，但是快活这种比较高一级的感情，却的确是罕见的，这意味着对于生存有着一种自信的感觉。[52]

　　此外，斯诺还写到了吴起镇那些"嬉嬉闹闹""高高兴兴"的工人，以及在别处很难看到的农村妇女的"说说笑笑"。从领袖到普通士兵，从成人到小孩，从男性到女性，斯诺有意无意地写出了红色区域里整体弥漫着的愉快氛围。

　　"愉快"的频繁出现让"红色中国"呈现为一个充满希望之地，因而使其有别于范长江和陈学昭的描述。作为"愉快"之对立面的"恐惧"，在西方政治理论中被认为是人们形成强权政体的前提。霍布斯在《利维坦》中曾讨论到，由于天性爱好竞争、互相猜疑或追求荣誉，人类时刻陷于"一切人对一切人"的战争之中，"不断处于暴力死亡的恐惧和危险中，人的生活孤独、贫困、卑污、残忍而短寿"[53]。为了终结这样的生存恐惧，人们将自己的权力让渡给一个强有力的主权者，从而形成一种主权者拥有巨大权力的政治统治形式——这就是"利维坦"的诞生。因"生存恐惧"而形成的"利维坦"常遭遇两方面的批评：一方面是针对"主权者"的强权政治，另一方面则是针对政治动机上的低级——仅仅是为了生存。这同样是身处西北的苏维埃政权所需面对的质疑。斯诺在《红星照耀中国》开头提出的一个问题恰好与这种质疑相关："他们是社会先知，还只不过是为了活命而盲目战斗的无知农民？"[54]所谓"为了活命"，正是"利维坦"中的低级生存状态。斯诺反复书写陕北各种人群的普遍"愉快"，则有意无意地使读者感受到：这里的人们在如此艰苦的环境下参与政治行动，不是仅仅为了满足低级的生存需求，而是具有追求理想的更高意义。这一点在中西政治思想中都有着深刻的传统。在亚里士多德那里，幸福与德性相关，"幸福是灵魂的一种合于完满德性的实现活动"[55]；在儒家传统中，"安贫乐道"也始终是受到推崇的理想人格。"愉快"的背后透露出的是对共产党革命者高尚品格的赞美，这也说明了苏维埃政权并不是"利维坦"式的强权政治体。

值得注意的是，斯诺笔下红区的"愉快"始终建立在与某种定型化的"中国性"对比之上。他将周恩来的"愉快"视为其区别于一般"赤匪"的要素，将普通红军战士的"真正感到快活"与"消极的满足"区别开来。面对他遇到的第一位红军革命者邓发，斯诺使用了"闪闪发光的眼睛""锐利的眼光""行动有一种黑豹的优美风度""铁爪子""对目前这种情况感到好玩"等描述。这种矫捷、有力、兴奋的战士形象，正对应着"真正感到快活"，而非"消极的满足"。斯诺进而感叹："真是个你意想不到的中国人！真是个你意想不到的赤匪！"[56]

这句感叹是意味深长的。"意想不到的赤匪"指向上文讨论过的地处西北农村的苏维埃政权是否具有现代革命品质的问题，"意想不到的中国人"则在与晚清以来流行的中国国民性话语进行对话，这一点尤为重要。《红星照耀中国》中不断出现类似的表达：对李长林的评价是，"这样长期地、这样毫不妥协地、这样不像中国人地进行战斗"；苏联的作用是使中国人锻炼出"钢铁般的英勇性格"，而以前"许多人都认为中国人是不具备那种性格的"。[57]在对周恩来的评价中，这种对比体现得最为鲜明。斯诺评价周恩来是"中国人中间最罕见的一种人，一个行动同知识和信仰完全一致的纯粹知识分子"。

> 背弃古代中国的基本哲学,中庸和面子哲学;无可比拟
> 的吃苦耐劳的能力,无私地忠于一种思想和从不承认失败的
> 不屈不挠精神——这一切似乎都包含在这个红军的故事和参
> 加创建红军的一个人的故事中。[58]

将"中庸和面子哲学"视为"古代中国的基本哲学",这对
应着晚清以来经由西方传教士首先书写、进而在中外知识群体
中流行的"国民性话语"。在推动"国民性话语"传播的重要作
品——美国传教士明恩溥所写的《支那人气质》一书中,"爱面
子"就被列为中国人的典型特征之首。而他列出的其他特征,如
"不精确"、"迂回"、思想混乱、神经麻木等,也都与这种"中庸
和面子哲学"相关。[59]在 20 世纪 20 年代末的"革命文学论争"
中,"国民性话语"曾遭左翼评论家的集中批判。钱杏邨在《死
去了的阿 Q 时代》一文中,力陈阿 Q 身上那种病态的国民性只
是辛亥革命初期农村部分人的思想,当前时代的农民已经是有组
织、有政治觉悟的革命者。这一观点以偏激的方式道出了一个关
键:如果中国人大多数依然是卑琐愚昧、充满妥协的阿 Q 式的传
统农民,中国革命将无法成功。相比之下,斯诺笔下这些背弃了
"中庸和面子哲学"的共产党革命者、这种"意想不到的中国人"
则突破了西方人眼中的传统中国人的刻板形象,呈现出作为"新
人"的现代品质。

　　另一处"老中国"和"现代人"的对比出现在"红军剧社"一节。斯诺指出，中国共产主义思想的宣传是为了震撼中国的亿万农民，"使他们意识到自己在社会中的责任，唤起他们的人权意识，同儒道两教的胆小怕事、消极无为、静止不变的思想做斗争"。[60]。这里关于儒道两教的描述，不免让人想起马克斯·韦伯1915年写成的《儒教与道教》一书。韦伯提出资本主义的根基是清教精神，而儒教的过分入世和道教的巫术性质，使中国无法发展出适应现代理性经济的资本主义职业人。[61]斯诺提出共产主义思想对于儒教和道教思想的超越，则意味着共产主义宣传使中国农民脱离了传统宗教的束缚，成长为坚定、可靠的现代革命者。

　　无论是《支那人气质》还是《儒教与道教》，或者是斯诺用来与共产党革命者对照的那种充满妥协性的刻板中国人形象，这些西方人的定型印象背后都隐藏着对于中国之"前现代"性质的判断，《红星照耀中国》则以其中一批"愉快"的革命者形象展现出中国文明的现代面貌。我们会看到，范长江、陈学昭和斯诺都写到了西部中国的历史。对于1934年的游记作家，如郁达夫而言，写名胜是为了显示风雅。但范长江和陈学昭则意在唤起中华文明的悠久历史记忆。他们二人都写到曲江不再如《丽人行》中那般繁华，范长江更指出，兰州本来是中国的中心，而抗战中的领土失守使现在的中国中心迁移到了襄阳。对他们而言，延安所在的陕西省及其周边地带是曾经辉煌但现在陷入沉寂的中国文明的象征。斯诺则在《红星照耀中国》的第三节"汉代青铜"中书写了一个极富戏剧张力的场景：他与共产党革命者在一座汉代皇宫遗址上第一次会面，正是这次会面让斯诺改变了对于中国人的旧有印象。斯诺感到这个会面地址其实非常合适。

> 毕竟是在这里，在二千多年以前，当时已经够激进的大汉族统治着一个统一的、当时是进步的中国，成功地在战国的混乱中巩固了一个民族和文化，使得后代从此以后以汉族子孙自称，就在这样的地方会见这个令人惊讶的现代革命年轻战士，又是多么合适啊！[62]

在这样的表述中，革命者成为一个更久远的中华文明传统的隔代继承者和重新激活者。值得注意的是"当时是进步的"这一修饰语。在 20 世纪 30 年代的世界文明秩序中，中国共产党革命根据地所在的陕北是落后的，但在汉代，这里远超西方，是当时最先进的文明代表。通过将陕北的革命者与汉朝历史联系在一起，斯诺暗示：他们的革命正在恢复中华文明曾经的先进地位。书写共产党革命者的现代品质，只是为了否定西方对于中国人的负面成见，而并不意味着对中国文明传统本身的否定。"红色中国"的现代革命者是对历史继往开来之人，是中国文明的新形象。

迈入"现代"的多种方式

在以上三人之中，范长江和埃德加·斯诺的西部之行在时间上稍早。从他们的西部行记中，我们可以读出一种孤胆英雄走天涯式的探险感。而到了陈学昭展开西部之行的 1938 年，她便已处于流往西部的大规模人群之中。范长江、陈学昭和斯诺其实是抗战时期中国人口大规模向内陆流动过程中的先行者。在之后的20 世纪 40 年代，中国出现了大量西部旅行笔记，其中包括一些名人名作，如朱家骅的《西北小集》（1942）、张维翰的《西北纪行杂咏》（1942）、茅盾的《西北行》（1943）、罗家伦的《西北行吟》（1944）等。蒋经国甚至也亲自到访西北各地，写下《伟大的西北》一书。中国旅行社还在 1943 年出版了由潘泰封编辑的《西北行》和《川康游踪》二书，分别收录了刊于《旅行杂志》上的经行秦陇、新疆、遂宁、青康一带的游记 10 篇和川康游记30 篇。[63] 西北旅行之热度由此可见一斑。20 世纪 40 年代的这些作品介绍西北地理，观察西北风俗，分析西北形势，畅想西北前途，有旅行笔记，更有《西北纪行杂咏》和《西北行吟》式的吟咏，各有各的独特视角。但其中基本的论述模型，实际上都已经埋藏在 20 世纪 30 年代这几位先行者的作品之中。

范长江、陈学昭、斯诺的西行写作成为其他地区的读者理解西部中国时的重要参考。在 20 世纪 30 年代的西行写作中，他们提供了理解西部中国的多种眼光，试图超越以往固化的"落后"观念，发现西部中国的"现代"性质，以此探察以西部中国为腹地的抗战和革命成功的可能性。事实上，他们不仅尝试在西部中国的现存状况中找到"现代"，而且给出了西部中国如何真正迈入"现代"，战胜更早完成现代化的日本侵略者的不同设想。通过这些设想，我们得以一窥 20 世纪 30 年代这些具有左翼倾向的知识分子关于"现代"的复杂观念。

从藏族人的生活方式中发现"现代"性之后，范长江产生了这样的畅想：

> 这些藏兵如果以近代方法加以**组织**，更**装备**以近代物资，再**灌输**以新军人精神，则哥萨克骑兵之美誉，恐难专美于欧洲也。[64]（黑体效果为本书作者所加。）

范长江提出了中国藏兵战胜欧洲骑兵的可能性，但同时强调，这些藏兵需要用"近代"新事物加以"组织"、"装备"和"灌输"。所谓的近代方法、近代物资和新军人精神，恰好对应着晚清以来中国学习西方的三种方式：制度、器物、文化。这是一条后发现代化国家通过向先进文明学习而进入"现代"的经典道路。

关于范长江谈到的"组织""装备""灌输"，我们可以在另外两段话中找到类似的表达方式。

> 有些人说中国人办事只能用中国法子，难以科学化，何况在这里，农民成分居多。这话我不以为然，如若这样，那我们中国还要什么革命的抗战呢？我们永远不能希望变成一个现代科学的农业与工业国家！我以为什么都是训练问题……中国人是不是绝对无法**训练**他们办事科学化？我又不

相信，我以为是可能的，只要训练，我常见许多替外商做事
的经纪人，他们的办事都会变得十分精明，能干，公事公办
等等；我也常见外国人家里的中国厨师，他们会十分清洁。
（黑体效果为本书作者所加。）

——陈学昭《延安访问记》

红军，由于他自己的斗争，从军阀手里，挣得自由，而
成了一种不可征服的力量。反日义勇军从日本侵略者的手里
夺得行动自由，也同样地武装了自己。中国人民如果加以**训
练、武装、组织**，他们也会变成不可征服的伟大力量的。（黑
体效果为本书作者所加。）

——埃德加·斯诺《红星照耀中国》

前一段话中，陈学昭希望通过"训练"实现中国人的"现代
化"与"科学化"，但和范长江一样，她认为"训练"中国人的
方法绝非"中国法子"。她举出的例子是"替外商做事的经纪人"
和"外国人家里的中国厨师"如何训练有素，而这样的例子正存
在于晚清以来流行的国民性话语中。还是在《支那人气质》中，
外国主人和中国仆人因阶级地位不同而产生的行为差异被用作中
国国民性的说明，用以证明中国社会的顽疾根深蒂固，只有借助
西方世界的力量才能完成其进步。[65] 陈学昭对于中国人通过"训
练"实现"现代化"与"科学化"的信心，其实暗中延续了这一
国民性话语："外国人家里的中国厨师"之"清洁"被用来证明

依靠西方力量改造中国人的成功,而"替外商做事的经纪人"之"能干",则隐含着一种赞美"洋买办"优越性的危险。

后一段话出自毛泽东与斯诺的谈话,斯诺在 1938 年上海复社版《西行漫记》[66] 的序言中特意强调了这段话的意义。毛泽东和范长江、陈学昭一样,都相信经过"训练、武装、组织"的中国人民具有不可忽视的全新力量。然而,其间却有着根本性的不同。范长江和陈学昭认为中国的"现代化"在于接受西方现代文明的"启蒙",毛泽东则通过举出红军和反日义勇军的例子,强调"训练、武装、组织"的完成有赖于中国人民通过斗争从军阀和侵略者手中"挣得自由","武装自己"。一方面,这段话将重点从器物和制度转移到了"人",这正是斯诺在书写陕北的现代革命者时所采用的策略,意在指出抗战和革命可以不为落后的环境所限,其希望在于一种具有"不可征服的伟大力量"的"新人"的诞生。因而,即使面对更早接受西方现代文明的日本侵略者,中国也不是必然处于劣势。另一方面,在"现代"的标准之外,"挣得自由"(即正在展开的反帝反封建斗争)在这里被视为中国和中国人民力量壮大的前提。这一点指向的是中国在现代化进程中的主体性位置:一个现代民族国家的建立固然有赖于政治、经济和文化方面的现代化,但独立自主才是最根本和紧要的问题。

独立自主既在于国家主权,又在于文化心态。20 世纪 30 年代的中国不仅需要打败日本侵略者,还需要解决面对欧洲国家、美国、苏联等已经完成现代化的国家时的自卑心态。"现代"的标准往往以西方为模板，20世纪后发现代化国家的现代化也就同时伴随着臣服于西方国家权威的危险。在范长江和陈学昭的经验中，中国的现代化意味着全面学习更为"先进"的西方文明，20世纪30年代的西部中国因此永远只能呈现为"不够现代"的存在和有待"启蒙"的客体，也就很难战胜更为"现代"的侵略者。这不只体现了他们的视野局限，更体现了近现代以来以西方为标杆的世界秩序在理解中国时形成的一贯偏见，这种偏见也为国内接受了现代文化的知识人所分享。斯诺的西行写作并未正面回应这一系列偏见，却书写了一批具有愉快精神面貌的中国革命者，他们使落后的西部中国呈现出一种真正"现代"的形象，也为在落后环境下展开的抗日战争带来了胜利的信心。这不仅是一种书写经验的策略，更是对革命所创造的新文化和新历史的形象呈现。《红星照耀中国》为中国革命的"正名"作用和在世界范围内的巨大感染力，其秘密正隐藏在这里。

事实上，关于20世纪30年代中国的现代性问题，已有一本著名的论著——李欧梵教授的《上海摩登》对此进行了论述。然而，在20世纪30年代，范长江、陈学昭和埃德加·斯诺却为远离上海的、看似落后的西部中国塑造了不同的"摩登"或"现代"形象。这提醒我们，考察中国的"现代性"绝不能只限于东南沿海地区。在广阔的西部内陆，在这片看似与西方文明格格不入的空间中，中国人同样在创造着一种"现代"的可能性。从20世纪30年代直至80年代的改革开放，先是有共产党与国民党之间"农村包围城市"的斗争，继以冷战的爆发，以美国为代表的西方国家将新中国封锁在一种内陆国家的形态之中。对于这一阶段的中国而言，更具有典型性且实践得更为成功的并非“上海摩登”，而正是这种在内陆农村地区发展出来的“现代”形态。在灯红酒绿的“上海摩登”之外，或许有一种别样的“现代性”存焉。发现这种别样的“现代性”，需要一种跳出既定框架的想象力——此即“中国乡土的现代性想象”之破题。

第二章

黄河的古今变奏

君不见，黄河之水天上来，奔流到海不复回！

——李白《将进酒》

一般人似乎认为长江是中国之利，而黄河则为中国之害，这显已违背了"水可为利，亦可为害"之明训。

——钱穆《水利与水害》

黄河！你这中华国族的母亲，你的神灵为何不再来？沉沉十二载，大地如死灰。你的孝子贤孙均已不在，围绕你的是一般奴才。学鲜卑的话，唱契丹的歌，做女真的舆伧。他们依旧吮你血吸你的奶，却没有一丝你的气概，只知道，偷安，苟且，颓废，徘徊。

——池城《黄河》

黄河以它英雄的气魄，出现在亚洲的原野；它表现出我们民族的精神：伟大而又坚强！

——光未然《黄河大合唱·黄河颂》

从"旧符码"到"新风格"

  音乐构成了 20 世纪中国人经验中的重要部分：高音喇叭里的革命歌曲、群众性的大合唱、交谊舞场上的苏联老歌、录音机里偷偷传出的邓丽君的歌声……一种声音响起，便会迅速把人们带回到一个时代的特殊经验之中。近年来，"声音景观"和"听觉经验"成了文化研究的热门话题。其中，延安时期的声音成为一个特殊的关注点。唐小兵指出，在被称为"歌咏城"的延安，充满着一种激越的、可以唤起"崇高"的声音文化。这种声音文化有别于以现代都市为背景的视觉文化，是对于贫乏环境的补偿与超越。[1]《黄河大合唱》诞生于 20 世纪 30 年代末的延安，在当时被演出的次数极多，传播范围极广，并长久受到后来者的喜爱，是延安合唱曲目中最具影响力的代表。唐小兵将《黄河大合唱》称为"一个很经典的关于聆听和发声的文本"，"以唤起一种新的听觉经验，新的听力想象为起点和动力"。[2]不过，需要继续追问的是，当时延安的合唱曲目不止《黄河大合唱》一部作品，光是"大合唱"就还有《生产大合唱》《八路军大合唱》《青年大合唱》《吕梁山大合唱》《牺盟大合唱》《七月里在边区》等，其他可用于合唱的单首曲目更是不少，为何偏偏《黄河大合唱》成为最重要、最著名的作品？"黄河"一词在其中发挥了何种作用？或许，在"声音"之外，这部作品还有其他的向度可供发掘。而这一向度与"声音"共同表达出有关延安的某种特殊经验，这才造就了《黄河大合唱》的辉煌所在。

　　今天的人们在谈到《黄河大合唱》之时，常常关注的是它如何在向西方习得的"合唱"中借用了民歌风格和三弦、对唱、劳动号子等民间音乐元素。似乎，将"乡土"的音乐形式注入"现代"的西洋音乐形式之中，是这部作品的特色和所谓"民族风格"所在。然而，在《黄河大合唱》诞生之初，它得到的评价却是"新型歌曲"。《黄河大合唱》的曲作者冼星海在《我怎样写〈黄河〉》一文中指出："过去的救亡歌曲"虽然产生过很大效果，得到群众喜爱，"但不久又为群众所唾弃"，而《黄河大合唱》则是"现阶段新型的救亡歌曲"。[3] 同样，郭沫若在 1947 年为怀念冼星海而写作的《序〈黄河大合唱〉》中，也将其称为"抗战中所产生的最成功的一个新型歌曲"。[4]

　　如何理解《黄河大合唱》之"新"？无独有偶，在冼星海稍早于《黄河大合唱》创作的《生产大合唱》中，"新"也是重要的考虑因素。在《生产大合唱》演出后的座谈会记录中，其词作者塞克回忆了这部作品的诞生过程。冼星海建议要写一部"有力量"的大合唱，塞克思考后认为：

关于"起来……打倒……冲啊……杀啊"一类的词句觉着使用得太滥调了，要没有新的内容也未必会有力量。我正在为难时，恰巧听到"生产运动"的口号，于是我决定写这东西。[5]

塞克认为之前的抗战歌曲都趋于"滥调"，于是转向将"生产运动"这种新生事物写入歌曲。这种对于早期抗战和爱国歌曲的不满足，绝非只是塞克一人的情绪。曾任延安抗日军政大学教员和延安中央研究院研究员的王匡，曾对延安集会时的唱歌活动有所回忆：

台上的人指挥大家唱《大刀进行曲》，他刚拉起调门："大刀向……"下面马上有人打断他："不要唱，歌太旧了！"上面的人就停下来，立即换歌，像换唱片那样快。[6]

认为诞生于 1937 年的《大刀进行曲》"太旧了"，这是当时延安听众的普遍经验。相比之下，王匡和其他一些在延安的年轻人在 1939 年遇见冼星海时，则表示对他的作品"很熟悉，很热爱"。在战时文艺创作中，"新"成为普遍的要求和期待。冼星海 1935 年自巴黎归国后，参与了由吕骥、李凌、赵沨等一批爱国音乐家组织的"新音乐运动"。"新音乐运动"批判"为艺术而艺术"的唯美音乐和以黎锦晖为代表的商业流行乐，倡导一种面向大众、鼓舞抗战并具有民族特色的音乐创作。这种"新"是形式上的更新，更是内容上的进步。《黄河大合唱》的成功，与其满足了这种对于"新"的渴望有着密切关系。

《黄河大合唱》被称为"新型歌曲",这一点或许并不令人意外。在前些年研究界对延安文艺进行的"再解读"中,延安时期文艺创作的目标被视为通过新的文化生产方式普及新文化、新政治,因而被称为一场"反现代的现代先锋派文化运动"[7]。不过,作为《黄河大合唱》之核心意象的黄河并不是"新生事物",而是中国传统文化的"旧符码"。相比冼星海其他以最新时事命名的作品——《九一八大合唱》《生产大合唱》而言,偏偏是这部以传统符号命名的《黄河大合唱》收获了作为"抗战中所产生的最成功的一个新型歌曲"的赞誉,在抗日战争和后来的解放战争时期被广泛传唱,更在新中国成立至今的岁月里有着持续的影响力。[8]这一"旧"与"新"的结合令人深思。

《黄河大合唱》对于"旧"和"新"的结合,令人想起当时正在展开的"民族形式"讨论。这一讨论希望在利用和转化"旧形式"的基础上诞生一种"民族形式",《黄河大合唱》也体现了相同的思路。"民族形式"的命名,很容易让人将重点集中在"形式"而忽略了"内容"。然而,"民族形式"并不只是形式问题,而是与内容息息相关。在1939年发表的文章中,冼星海指出,音乐不应拘泥于使用西洋音乐形式还是"旧的民族形式",他主张"以内容决定形式,拿现代进步的音乐眼光来产生新的内容,使音乐的内容能反映现实,反映民族的思想、感情和生活"[9]。可见,若要全面讨论"民族形式"问题,内容和形式两方面都不可偏废。参与"新音乐运动"的音乐家李凌曾评价《黄河大合唱》

创造了"各种各样的新风格"[10]。《黄河大合唱》的词作者光未然在讨论"民族形式"的文章中也提出，"民族形式的创造，最后还是为了表现出一种民族风格来"，但"风格"过于抽象，必须通过"内容和形式二者之矛盾的统一过程"才能表现。[11]因此，用"新风格"来概括《黄河大合唱》这种包含了"形式"与"内容"两方面诉求的新型歌曲形态，或许是一个妥当的命名。

在《黄河大合唱》中，这种"新风格"不是通过输入外来符码，而是通过改造"黄河"这一传统文化中的"旧符码"实现的。在 20 世纪三四十年代，国共双方乃至日本侵略者都在重新阐释"传统"，通过征用传统符号为自己的行为获取历史依据，从而调动更广泛的群众力量。晚清以来，水患频繁的黄河逐渐成为中国衰败命运的象征。日本方面试图强化黄河的这一象征意味，并宣称只有高度机械化的日本才能驯服黄河；国民党试图通过治理黄河获取民心，并通过花园口决堤事件将民众的怒气导向日本侵略者。相比之下，《黄河大合唱》则为黄河重塑了一种充满力量的形象。关于黄河的历史经验和现实经验构成了这一形象的源泉。

崇高主体的诞生："人民唤醒黄河"

《黄河大合唱》作为"新型歌曲"，首先是针对以往的抗战歌曲而言的。1938 年 2 月，由冼星海、张曙、塞克和罗蒂塞 4 位进步音乐家合编的《抗战歌曲集》作为"生活教育丛书之三"在上海生活书店发行。这本集子中收录了 91 首"很流行的,大家都听得懂,容易上口"[12] 的抗战歌曲,分为纪念歌、救亡及普通歌曲、儿童歌、翻译歌 4 编。救亡及普通歌曲有 67 首,既包括直接书写抗战的歌曲,又包括一些诉说劳动人民苦难的歌曲,可以大致代表当时"进步歌曲"的面貌。值得注意的是,塞克在写《生产大合唱》时批评的"起来……打倒……冲呵……杀啊"之类的"滥调",确实普遍地出现在这些歌曲中。《抗战歌曲集》收录的第一首歌曲《国难》(词曲作者未标明)中就出现了两次"打倒"。

> 我们要一致,打倒那帝国主义,我们要一致,打倒那帝国主义。[13]

第二首歌曲《九一八纪念歌》(麦新词,冼星海曲)即以"起来"作为开头。

> 起来,全国的同胞们,今天是第五年的九一八![14]

在这 91 首歌曲中,仅仅在第一句歌词中就出现"起来"的歌曲就有 7 首,分别是《九一八纪念歌》《五一歌》《义勇军进行曲》《救国进行曲》《赴战曲》《打倒汉奸歌》《妇女进行曲》。《双十节纪念歌》《战歌》《打回老家去》《保卫马德里》《山茶花》《搬夫曲》这 6 首歌曲则是在歌词中段出现"起来"。此外,还有《亲爱的老百姓》中的"我们的出路，只有这么一条——那就是工农联合起来"、《打倒东洋》中的"民众武装起来，民众武装起来，救中国！救中国！"、《女工救国歌》中的"我们女工武装起来！"和《青年战歌》中的"要高举鲜明的旗帜，大家整队地站起来！"等，虽都是以"动词＋起来"的结构出现，但表达的意思与"起来"基本一致。"打倒""打退""打回""打出"之类的词汇则出现得更加频繁。此外，除了光未然作词的《五月的鲜花》、田汉作词的《茫茫的西伯利亚》（舞台剧《复活》的插曲）以及带有民歌情调的《秋风儿》和《山茶花》等少数歌曲之外，被收入《抗战歌曲集》的大部分歌曲都缺乏鲜明的意象，呈现为抗战口号的简单循环，甚至出现"打打打""干干干"之类的歌词。

　　打打打打打！打打打打打！打平天下！斩尽敌兵！万人平等！[15]

　　　　　　　　　　　　——《打江山》（塞克词，冼星海曲）

　　干干干，自己的事自己干。靠人非好汉，不会干要学干，学会干就去干，干不好改良干，应当干即刻干！[16]
　　　　　　——《干！干！干！》（张曙曲，词见《活力》周刊）

　　这样的歌词直接有力，可以形成情感上的冲击，但也略显粗暴，让人容易审美疲劳。与冼星海等人一起推动"新音乐运动"的吕骥在总结1936年的"新音乐"时指出，当时"新音乐"的最大缺点在于歌词"概念化，公式化，不能根植于生活中"，形式"累赘、冗长"，乐曲"趋于口号化"[17]。这样的问题依然存在于1938年出版的这本《抗战歌曲集》中。

冼星海与塞克于1939年合作的作品《生产大合唱》不是直接写抗战，而是主要表现"新的内容"——大生产运动，因此避开了"起来"一类的词语。但"加紧生产哟加紧生产，努力苦干努力苦干""说打就打说干就干，大家出力才是全面抗战""吃的用的要自己创造，鬼子是更加容易打倒""打击敌人的封锁，打溃敌人的扫荡；巩固抗日根据地，打到敌人的大后方"之类的口号依然出现在《生产大合唱》中。[18] 相比之下，后来的《黄河大合唱》则借助"黄河"这一意象最大限度地避免了以抗战口号直接作歌词。全曲先以人和黄河的搏斗表现"抗争"，继而通过黄河见证中华民族的苦难，最后结束于黄河发出"战斗的警号"。《黄河大合唱》其实包含了一切应有的政治命题，却将其通过一套以黄河为中心的隐喻体系表现出来。从而，抗争、动员、诉苦、团结等主题似乎不再是人为提出的政治口号，而是自然本身向人们揭示的命题。这种自然的隐喻不仅消除了以往"口号歌曲"的生硬感，而且为其增添了天然的合法性和感召力。

塞克对于旧歌词的不满不光在于"口号化"，更在于它们因没有捕捉到"新的内容"而缺乏力量。"起来"的口号指涉的是晚清以来有关"唤醒中国"的政治表述，[19] 用以表现少数先觉者对于广大蒙昧者进行启蒙的呼喊之声。到了以抗战为中心的20世纪三四十年代，"民族解放"取代"启蒙"成为新的时代主题，那么，流行的政治语汇也应随之更换。当时的文艺工作者对"起来"之类的词语感到不满，原因或许就在于此。

费约翰曾在《唤醒中国》一书中指出，西方人在将近现代中国描绘成"睡狮"时，这一"睡觉和做梦"的形象暗中指涉着中国"非理性和原始"的特质。与将自己视为理性人的西方相比，"沉睡"的中国人被视为低等的。西方殖民者将被他们"发现"之前的美洲视为沉睡的状态，黑格尔也将印度的本质称为"一种处于梦寐状态里的精神"[20]。"起来"口号的背后，正对应着这种将中国人视为"沉睡者"的想象。相比之下，《黄河大合唱》中仅出现了一次"起来"。在最末一个乐章《怒吼吧！黄河》中，光未然写道：

> 新中国已经破晓；四万万五千万民众已经团结起来，誓死同把国土保！[21]

不同于此前流行的"起来"呼喊，这里的"已经团结起来"意味着中国民众绝非需要唤醒的、处于沉睡状态的原始人，而是"已经"完成了这一过程的、理性的现代人。

"中国民众"在《黄河大合唱》中的第一次登场，是《黄河船夫曲》中那群与黄河的惊涛骇浪搏斗的船夫形象。这一段的灵感来自词作者光未然的真实经验。他在随抗敌演剧队第三队渡过黄河险滩时，看到船夫们与惊涛骇浪搏斗的情景，之后便将这一场景作为《黄河大合唱》的开头。[22]冼星海曾特别指出，《黄河船夫曲》由紧张和轻快两种情绪构成。

> 开首的紧张情绪，是船夫们渡黄河时和波涛挣扎的情
> 形……最后一段是比较轻快一点。在他们没有渡过河以前，
> 他们充满愉快与光明。经过他们一阵大笑以后，情绪已达到
> 安慰和安心的境地，气也可以喘一喘了！ [23]

《黄河大合唱》在延安首演时的指挥者邬析零和光未然一起
渡过黄河，并记录下了《黄河船夫曲》中的船工号子。他在回忆
这次经历时，也提到了类似的"两种情绪"。当看到"浪花汹涌
地扑进船来"之时，"我们的心情随之紧张起来"；接着，白胡子
老艄公带领船夫喊着号子，声音越来越高，"盖过了浪涛的怒吼"，
听的人也觉得"喘不过气来"。最后：

> 强烈的劳动呼声给了我们无限的力量，在最惊险的时刻
> 里，我们已把仅存的一点恐惧之心，抛之九霄云外。过了危
> 险地带以后，水面渐渐平坦，水势慢慢舒缓，号子声音平
> 息。这时候，我们已清晰地望到了东岸滩地，心情随之感到
> 战胜巨险之后的那种特别的轻松、安适、宁静。 [24]

此外，冼星海对《黄河船夫曲》开头这一段"划哟，冲上
前"的唱法也有严格的要求。他提出，最佳唱法应该做到 13 小
节不换气，这样才能"既表现老艄公和船夫们的紧张心情，又显

出他们面临惊险而从容不迫"[25]。这些描述共同揭示出《黄河船夫曲》由两部分组成：首先是人在自然的强大威力前感到的紧张和恐惧，然后是人因克服、战胜了自然的威力而产生的"特别的轻松、安适、宁静"。这样的描述，正对应着康德在《判断力批判》中关于"崇高"的界定。康德指出，悬崖、飓风、火山、海洋、瀑布等自然界的强力会使人感到渺小并激发恐惧之情，然而只要人处于安全地带，这些景象越是可怕就越吸引人。因为它"把心灵的力量提高到超出其日常的中庸，并让我们心中一种完全不同性质的抵抗能力显露出来，它使我们有勇气能与自然界的这种表面的万能相较量"[26]。康德将这样的心灵感受命名为"崇高的愉悦感"，这种愉悦感的诞生证明了人的理性能力足够强大，可以战胜外界的强力。《黄河船夫曲》正包含了被康德指认为"崇高"的这种从恐惧转为愉悦的过程，其结果则彰显了以黄河船夫为代表的中国民众所具有的强大理性。这样的中国民众是现代人，而非"睡狮"隐喻中那种处于沉睡状态的原始人。

只要将《黄河船夫曲》中的船工号子与《抗战歌曲集》所收录歌曲中的劳动号子进行对比，就能发现《黄河船夫曲》中这种具有"崇高"精神状态的劳动人民形象提供了一种特别的经验。在《抗战歌曲集》中，《嘉陵江上》（端木蕻良词，贺绿汀曲）、《炭夫歌》（塞克词，冼星海曲）、《筑堤歌》（田汉词，张曙曲）、《拉犁歌》（吴永刚词，冼星海曲）、《耕农歌》（塞克词，冼星海曲）、《扮禾歌》（陈子展词，沙梅曲）、《码头工人歌》（田汉词，聂耳曲）、《搬夫曲》（曹雪松词，冼星海曲）等多首歌曲中都出现了

"诺诺哟""哼唷杭唷""嘿哟拉哟"等劳动号子。这些歌曲使用劳动号子的目的可以分为两类。一类是为了表现劳动人民的苦难生活。比如,《炭夫歌》中:

> 受穷受穷! 哟呼咳! 越干越穷哟呼咳!
> 受穷受穷! 哟呼咳! 活不了啦哟呼咳!

《拉犁歌》中:

> 嘿哟拉哟! 嘿哟拉哟! 嘿哟——拉啊! 嘿哟——拉啊!
> 莫回头,莫回头,老家只有穷和愁哟!

《耕农歌》中:

> 噢!(赶牛声)吁!(铎)(打舌声)吁!(铎铎)(打
> 舌声两下)(拍)(鞭声)一家子饿得干柴瘦哦!白白得累死
> 我的老耕牛哦!

这些歌曲中的劳动号子,表达的是底层民众在资本家和地主的强迫下进行单调重复劳动的经验。词作者使用它们实现对剥削阶级的控诉功能。相比之下,另一类歌曲则是将劳动号子进行浪漫化。《扮禾歌》中引入了大量"喳喳懂"的扮禾声,歌词第一段依然是诉说"我耕田的没田耕""劳力的没有饱饭吃"的劳苦生活，但歌词第二段就迅速转为"大家一样好生活，大家一样真快乐"的光明愿景。这一点遭到了吕骥的批评。吕骥认为，《扮禾歌》以一种"由声音构成的自然主义的美把听众和歌唱者引导入一种非现实的境界中去，享受着作者所追求所创造的美"，却没有"肯定地指出可乐观的前途"[27]。这些歌曲体现出当时的"新音乐"在使用劳动声音时的两种倾向：一种是将其作为劳动人民苦难生活的象征，另一种则是用来将劳动场景加以审美化。

事实上，冼星海和塞克合作的《生产大合唱》中就并存着这两种倾向。《生产大合唱》的第一场《春耕大合唱》中使用了人力拉犁开荒的"嘿哟"声，第三场《丰收》则由演员扮演羊、鸡、牛等动物，模仿"咩咩""咕嘎""唔"等动物的声音，表现下蛋、耕地的"生产"场景。但这两处设计在事后的座谈会上都遭到了批评。艾思奇认为前者过于"郁抑沉闷"，而农村的歌声应该"有点田园风味，总应该比这轻快"，而后者则成了"童话式的作品"[28]。吕骥也在会上批评冼星海对于"压抑"的《拉犁歌》过分偏爱。[29]而在稍晚于《生产大合唱》诞生的《黄河大合唱》中，过分强调苦难压抑和过度美化劳动过程的两种倾向都得到了改善。

《黄河船夫曲》中的劳动号子既不是对"压抑"的控诉，也不是审美化的，而是服务于"斗争"的主题。它与此前抗战歌曲的差异，鲜明地体现在歌曲的演唱说明上。根据《抗战歌曲集》中为《拉犁歌》和《耕农歌》这两首由冼星海作曲的歌曲所添加的演唱说明,《拉犁歌》是"稍慢,沉重而带坚忍的情绪"[30],《耕农歌》是"沉着忍耐"[31]。《生产大合唱》中使用了劳动号子的《春耕大合唱》,其演唱说明也是"稍慢、沉着、忍耐"[32]。相比之下,《冼星海全集》中则为《黄河船夫曲》从开头直到"我们看见了河岸"这一长段含有劳动号子的歌词先后添加了"紧张有力"和"沉着有力"的演唱说明。[33]演唱说明的变化意味着词曲作者对于劳动号子含义的理解发生了变化。在《黄河船夫曲》中,劳动号子中"忍耐"的情绪消失,"有力"的成分则得到了强调。这意味着劳动号子不再象征着劳苦大众饱受压迫地从事机械劳动,而是象征着集体的战斗精神。

事实上,《黄河船夫曲》中的"中国民众"除了黄河船夫之外还有另一群人,那就是该乐章的第一句"朋友!你到过黄河吗"中所呼唤的听众"朋友"。在《黄河船夫曲》前的念白中,演唱者向"朋友"发问:

你还记得河上的船夫拼着性命和惊涛骇浪搏战的情景吗?如果你已经忘掉的话,那么你听吧!

值得注意的是这里的"你还记得"和"已经忘掉"。它暗示着,黄河船夫所象征的战斗精神一直存在,可以随时被召回,用以对抗新的危机。"起来"的修辞背后是"唤醒沉睡的中国民众",那些以"起来"开头的抗战歌曲则是试图以这样的雄壮之声作为"唤醒"的工具。然而,从第一乐章《黄河船夫曲》中人对于黄河的驾驭，到最末乐章《怒吼吧，黄河》中歌者号召黄河发出"怒吼"，《黄河大合唱》所展现的主题不再是"歌声唤醒民众"，而是"人民唤醒黄河"。沉睡的不是中国人民，而是黄河的原始力量。一种黄河老船夫式的崇高主体——理想中的"中国人民"，则是黄河的唤醒者。

黄河形象的正面化：从"中国之殇"到"巨人"

若对《黄河大合唱》中的各乐章进行分类，《黄河船夫曲》《黄水谣》《河边对口曲》《黄河怨》《保卫黄河》的重点在"人"，《黄河颂》《黄河之水天上来》《怒吼吧，黄河》的重点则在"河"。在后来的流传中，与"人"有关的乐章更为著名，《保卫黄河》一曲尤其成为《黄河大合唱》中传唱度最高的作品。然而，就词曲作者的意图而言，与"河"有关的乐章或许更为重要。虽然在《黄河大合唱》诞生后不久，《黄河之水天上来》就常在演出中被省略，直到 1987 年才得以恢复，[34] 但事实上，光未然本人对《黄河之水天上来》极为重视，亲自在《黄河大合唱》的延安首演中朗诵此章。《黄河颂》一章则由冼星海三易其稿，试图创造出一种"既有中国民族风格特点，又能表现新的时代感情的颂歌旋律"[35]。从光未然和冼星海对《黄河大合唱》中以"河"为主题的这两章的重视程度来看，《黄河大合唱》不应仅被视为对"人"之力量的彰显，也包含歌颂"河"的主题。

《黄河大合唱》的第一乐章《黄河船夫曲》讲述了人如何

凭借理性战胜黄河的故事，最终揭示出人的崇高。但在接下来的第二乐章《黄河颂》中，作者将"伟大坚强"的赞语赋予了黄河，并呼唤人们"向黄河学习"："我们祖国的英雄儿女，将要学习你的榜样，像你一样地伟大坚强！"这两点似乎存在着矛盾：黄河究竟是应该被人们征服的自然力量，还是人们应该"学习"的"榜样"？这一张力构成了理解《黄河大合唱》的重要关节。

近代以来，频繁的水患使黄河成为积贫积弱、漠视民生、政府无能的"老中国"的象征。清政府统治时期，由于人口、气候和农业商品需求的变化，华北平原的生态环境急剧恶化。1855年，黄河在河南省铜瓦厢处发生了一次严重的堤坝溃决，之后便处于完全失控的状态。清政府几乎放弃了黄河的水利治理责任，黄河也因改道而削弱了漕运功能，从而导致华北平原水患肆虐、饥馑蔓延。与此同时，将黄河视为中华文明源头的观点在19世纪末开始盛行。以1929年周口店"北京猿人"的发现为代表，当时的人们致力于将黄河流域阐释为中华文明的中心区域。这两方面的观点相结合，黄河便成为历史悠久但渐趋衰落的中国命运的象征。用环境史学者戴维·艾伦·佩兹的话说，这一时期的黄河既是西方人眼里的"中国之殇"，又是中国人塑造的"中华文明之母"。[36]

《黄河大合唱》在1939年的出现并不是孤立的现象，对黄河的关心在当时普遍存在。一方面，如何治理黄河水患是当时政府和民间关注的重点。20世纪30年代，国民政府成立了黄河水利委员会，并与欧美工程师合作治理黄河。但黄河携带大量泥沙的特征超出了欧美工程师的经验，黄河流域的洪涝灾害依然没有减少。另一方面，黄河流域是当时激烈交战的抗日前线。1938 年 6 月，国民政府炸开花园口附近的黄河大堤，试图以此阻挡日本军队，并声称这是日本军队犯下的罪行。这一行为更使黄河成为当时人们讨论的中心。以"黄河"为中心的《黄河大合唱》诞生于 1939 年，乃是对时代主题的一种呼应，更为眼前的困境给出一种远景。

值得注意的是《北平近代科学图书馆馆刊》1938 年第 5 期上由张我军翻译的佐藤弘《黄河之风土的性格》一文。这份刊物是日本侵占北平期间由日本人创办的。文章开头便提问：各地的河流有着不同的"风土的性格"，那么，黄河表现了什么性格？佐藤弘首先提出外国人称黄河为"中国的悲哀"，并以黄河的"五千年水祸"批评"生生流转的黄河"这一说法。接着，佐藤弘又声称，黄河虽号称大河，"平日却没有什么特别的大用处"。最后，佐藤弘给出的解决之道是利用"'土木日本'的技术和智能"治理黄河水患，"具有多年永耀之历史的中原农业，也许将与'四千年之百姓'走上飞跃而又隆盛之域罢"。在关于黄河"没有大用处"的注释中，佐藤弘补充道：

（黄河）较其他的大河川多流黄土，舟行不便，从而沿岸几无足以称为港者，做一个河川的机能低劣。不是没有舟楫之便自不待言，"上下于京汉铁桥以下之民船，据谓数达五千艘，而航行包头宁夏间的木船三百有余，其余往复急流处所之皮筏，为数甚巨"。[37]

黄河的泥沙特征被描述为"机能低劣"，在佐藤弘看来，只有日本的先进技术才能恢复中原农业的面貌。《北平近代科学图书馆馆刊》上并未注明《黄河之风土的性格》一文的出处。经查考，这篇文章收录在佐藤弘 1939 年于东京古今书院出版的《时局与地理学》一书中。这本书对作为日本势力目标的中国、南洋、堪察加半岛，乃至非洲和英联邦的地理环境和物产资源进行了详尽的调查，旨在为日本的殖民扩张服务。佐藤弘眼中的黄河是中国之"风土的性格"的隐喻：它在实用价值上是低劣的，唯有服从于外国技术的治理才能得到改善。从而，黄河也理所当然地被纳入日本的殖民版图规划之中。

因此，在讲述人如何征服自然的《黄河船夫曲》之后，《黄河颂》的出现是必要的。黄河不光是需要驯服的对象，更不能丧失其作为中华文明的象征的尊严。《黄河颂》一章中提出的一个重要命题是"向黄河学习"："我们祖国的英雄儿女，将要学习你的榜样，像你一样地伟大坚强！"这句如今看来颇像套语的话，在当时的语境中其实颇为特殊，因为"伟大坚强"并非近现代中国的人们对于黄河的共识。在 1935 年发表于《禹贡》杂志的《水利与水害》一文中，钱穆着力驳斥了"一般人似乎认为长江是中国之利，而黄河则为中国之害"[38] 的观点。他指出，"水可为利，亦可为害"，关键在于人的掌控。古黄河对于中国文化的促进作

用远在长江之上，只因宋代以后中国经济文化重心的南移和政府
治理的腐败，才使黄河渐渐成为"中国之害"[39]。钱穆专门写作
此文以回应黄河为"中国之害"的说法，可见对黄河的批评是这
一时期的主流观点。

　　把《黄河大合唱》与当时其他以黄河为主题的作品对照，我
们会发现，"向黄河学习"是这部作品的真正创新之处。除了前
文分析过的《黄河船夫曲》中的劳动号子之外，"黄河之水天上
来"是古诗中的母题，也是当时报刊在讨论黄河水患问题时的常
用标题。[40]《河边对口曲》中两位难民以对唱的形式互诉遭遇，
这在由塞克作词、冼星海从河北民谣中选曲的《苦命人》中也出
现过。《黄河怨》写的是一位妇人对着黄河倾诉自己的遭遇后跳
河，这一场景曾出现在电影《夜半歌声》的插曲——由田汉作
词、冼星海作曲的《黄河之恋》中。甚至，最为知名的"保卫
黄河"口号，也不是在《黄河大合唱》中首次出现。在 1938 年
《中国诗坛》刊登的一首署名青青的诗歌《黄河，流吧！》中，
就有"保卫人类辉煌的文化！保卫中华，保卫黄河，誓清除历史
上羞辱的书篇"[41] 的句子。除此之外，"黄河怒吼"也是当时常
见的意象。1938 年第 2 期《战时知识》上就刊登了一首署名海
燕的诗歌《怒吼吧，黄河》。1938 年第 1 期《抗战青年》上刊登
的署名剑虹的诗歌《伟大的黄河》中也有"现在它已在怒吼"的
句子。

　　《黄河大合唱》的真正创新在于"向黄河学习"这一主题。
在其他作品中，黄河的形象大多是饱受耻辱、伤痕累累的，它是

"满身的血污"[42]"斑斑的创痕"[43]"神灵为何不再来"[44]……黄河在这些作品中象征着"老中国"的衰败命运,绝非需要"学习"的对象。然而,《黄河颂》却凸显了黄河之"伟大坚强",黄河因此成为值得当下中国人"学习"的"榜样"。《黄河颂》强调黄河有着"英雄的气魄"和"英雄的体魄",指出它象征着"伟大而崇高"的民族精神,依然有着"铁的臂膀",足以成为"我们民族的屏障"。"颂"旨在彰显黄河的荣耀,改变黄河在近代以来被外国人塑造的"中国之殇"形象。《黄河大合唱》在延安首演时,《黄河颂》的演唱者田冲曾经回忆起冼星海对于这一乐章的唱法指导。

> 你的第一句不要唱得太高昂,要把黄河之水从高处引出来,然后经过几个迂回宛转,再一步步高昂到"把中原大地劈成南北两面",这样唱也许就不平板了,要不然,一开口像一个英雄摆着架子唱"我站在高山之巅",那黄河之水就像在你的脚下,那就不是歌颂黄河,而是"高山颂",或者是"自我颂"了。[45]

田冲的经验告诉我们,《黄河大合唱》的关键在于歌颂黄河而非歌颂自我,意在揭示人与黄河的关系和黄河的神圣位置。据回忆,光未然心中的黄河是"活生生的、有生命力的,它既是母亲,又是一个巨人"[46]。和戴维·艾伦·佩兹指出的那种具有"中国之殇"和"中华文明之母"双重属性的黄河形象相比,光未然心中的黄河依然是"母亲",却从"中国之殇"变为"巨人"。这样的转变不只发生在《黄河颂》中。相比佐藤弘将黄河上的木船和皮筏视为"舟楫不便""机能低劣"的象征,《黄河船夫曲》则从黄河上的原始民船中发现了中国人民的斗争精神。类似的转变将黄河近代以来的负面形象转为正面,对抗的正是那种挟西方文明视角将黄河视为落后的"老中国"象征的观点,强调黄河可以作为当代中国人在世界秩序中竞争的力量源泉。

尤其值得注意的是,《黄河颂》仍然将黄河称为"民族的屏障"。已有研究者指出,中国社会在 20 世纪 30 年代初即形成了一种普遍观念,认为长城在现代防御中无所作为,只有"人"才能保护国家。[47] 与长城并列为中华帝国时期的屏障的黄河,也在近现代逐渐被视为失去了作为防御工事的效用,反而需要人民"保卫黄河"。"保卫黄河"暗示着人的力量与自然力量相比逐渐占据上风。随着人的地位得到提升,自然的地位遭到贬低,这是工业化、机械化的现代社会所形成的技术理性的结果。无论是集中关注如何治河的国民政府、钱穆还是为日本殖民行为铺路的地理学家佐藤弘,其实都体现着这种要以人的力量战胜自然力量的思维。《黄河船夫曲》和《保卫黄河》等曲目,也贯穿着这一思路。然而,在《黄河大合唱》尤其是《黄河颂》中,黄河的形象得到了正面化的表现,重新成为"民族的屏障"和"巨人"。《黄河大合唱》赞美了"人"作为斗争者的崇高,却无意贬低黄河,甚至希望恢复黄河的神圣地位,使当下的人民可以从中汲取力量。这种以自然风景唤起民族精神的做法,与 19 世纪的欧洲浪漫主义者息息相通。莱茵河、阿尔卑斯山、苏格兰高地正是在 19 世纪浪漫主义者的建构下成为各国民族精神的象征。[48] 但其间关键性的差异在于，浪漫主义者追求尚未被启蒙主义污染的"自然"，因而从这些地区的危险、野性与不加修饰中发现了一种非理性的神秘力量。但黄河不仅是自然风景，它从《仪礼》和《礼记》起就被视为作为中国象征的"四渎"之一，更从汉代起被纳入官方祭祀体系。[49] 因此，黄河的神性不同于欧洲浪漫主义者眼中那种与启蒙相对立的神秘力量，而是自有其深厚的历史文化背景。在对黄河的赞颂中，如何处理这种与古典中国相连的黄河神性叙述，使黄河成为属于"人民"的新符号？这是《黄河大合唱》接下来需要面对的问题。

传统的改造：从"天上之水"到"天下之水"

在 20 世纪三四十年代，延安创作和演出了不少受到普遍欢迎的抗战音乐，但《黄河大合唱》是得到领导人最多认可的曲目。毛泽东和周恩来都观看了《黄河大合唱》的演出并给予称赞。据冼星海回忆，《黄河大合唱》诞生后：

> 以后延安遇到有大的晚会，如欢迎周副主席、朱总司令、邓宝珊将军、茅盾、沈志远和蒙古代表及国民政府的调查团、慰劳队、西北摄影团等，都是以《黄河大合唱》为中心。[50]

这正说明了《黄河大合唱》在延安的重要政治地位。《黄河大合唱》的影响力不只发生在当时的延安，也延伸至当时的国统区乃至1949年之后的全国。在当时，《黄河大合唱》先后在国民党统治下的成都、重庆、桂林等地演出，迅速得到广泛传唱。[51]1949年之后，延安时期创作和演出的不少文艺作品被新的经典谱系取代，《黄河大合唱》尽管在"留曲不留词"的规定下被改编为钢琴协奏曲，但和被改编为芭蕾舞剧的《白毛女》一起成为延安文艺在"文革"中仅存的两部作品。这也证明了"黄河"这一符号的持久影响力。

《黄河大合唱》的经典地位与共产党对于"黄河"符号的重视和有意塑造是分不开的。在《黄河大合唱》推出"黄河"这一符号之前，国民党已经连年举行黄帝祭祀，试图将自己塑造为中华文化的正统代表。国民党从1935年4月7日开始每年祭祀黄帝，并将清明节命名为"民族扫墓节"，但直到1937年才开始邀请共产党派代表作为陪祭。1939年4月6日，也就是《黄河大合唱》首演前一周，陕甘宁边区政府派代表林伯渠参加了当年的黄帝祭礼，并在祭文中批评南京国民政府对三民主义"说而不做"，以致"寇患愈深"[52]。在这种环境下，共产党如此重视《黄河大合唱》，或许有着以"黄河"与国民党操纵的"黄帝"符号展开民族主义话语竞争的意味。尤有意味的是，黄帝陵所在的中部县是国民党统治的区域，[53]而黄河和壶口瀑布则是当时人们进入延安时需要经过的地方。光未然参加的抗敌演剧队第三队正是从壶口附近渡过黄河，进入晋西南吕梁山抗日游击根据地，随后才到达延安。[54] 因此,《黄河大合唱》开头那句"朋友!你到过黄河吗"就几乎可等同于"朋友!你到过延安吗","黄河"也就与地处其附近的共产党联系在了一起。

国民党试图利用黄帝祭祀宣告自己作为中华民族正统继承者的地位,《黄河大合唱》中的"黄河"也在召唤着古典中国的文化传统。在中国古代,黄河属于"五岳四渎"的山川祭祀之一。山川祭祀不同于天神或自然神祭祀,自东周以来,山川祭祀就不止意味着山川崇拜、调节水旱或祈求健康,而是国家所掌控范围的地理标志。这里的"掌控"除了指政治管辖权力,更意味着中华文明所及。[55] 因此,对于黄河的吟唱中有着对于古典中国之文明图景的追忆。《黄河大合唱》中的黄河绝非一条地域性的河流,而是被有意隐去具体方位,塑造为一个贯穿中国版图和历史的普遍性符号。《黄河颂》先写黄河"从昆仑山下奔向黄海之边",继而写到它"向南北两岸"伸出臂膀,再从"五千年的古国文化"写到身边的英雄故事,这就让黄河拥有了包含古今历史和东西南北版图的意义。《河边对口曲》中,山西来的农民张老三和东北来的商人王老七在黄河边约定"太行山上打游击","一同打回老家去",代表不同地域、不同阶级的人在黄河背景下走到了一起。《保卫黄河》中的"河西山冈万丈高,河东河北高粱熟了",也暗示出这里的"黄河"绝非仅指涉一种地域性的视野。《怒吼吧,黄河》中,让黄河的怒吼带动松花江、黑龙江、珠江、扬子江,同样是试图以黄河贯连起整个中国的做法。正是基于古典中国的文明记忆,《黄河大合唱》才能将

"黄河"与"全中国"画上等号,从"保卫黄河"向"保卫全中国"的过渡才能如此自然。这种勾连起全中国的黄河符码,为地处黄河岸边的延安提供了更为宏阔的气象,甚至包含了对于转移到延安后的共产党处境的一种隐喻:虽居于一隅,但拥有面向全天下的抱负。

但这种对于古典传统的借用也会带来问题。国民党的黄帝祭祀是由政府高官主导的行为,在野党和社会团体都只有陪祭地位,普通百姓更无法参与其中。有研究者指出,国民党有意要在黄帝祭礼上展示一党威权,而不考虑在野党和其他社会团体的祭祀权。[56] 在国民党开始举行黄帝祭祀之后,黄帝陵成为普通民众无法涉足的禁地。在茅盾的回忆中,当他于 1940 年 5 月前往黄帝陵拜谒时,黄帝陵前门禁森严,黄帝陵管理处派卫兵负责守卫,宣称"是奉上司命令,此乃国防重地,不准参观"。只因茅盾与时任十八集团军总司令朱德同行,管理处才对他们特别通融。[57] 这一细节体现出的是,尽管黄帝被建构为"民族"的象征,但这一符号是被统治者垄断的。

抗战时期民族主义的兴起促成了古典符号的复兴,但旧中国的等级制度亦如影随形。在演出后的座谈会上,《黄河之水天上来》一章曾被批评为"旧的套话太多","都是腐烂了的名士的口吻"[58]。这一批评其实并不中肯。正相反,通过"晚会演出"和"合唱"的实践形式,《黄河大合唱》让"天上来"的黄河之水流向"天下",从而超越了古代的名士口吻,将黄河呈现为全体中国人的共同符号。

《黄河颂》中有一处微妙的修辞，即"亚洲"。

> 黄河以它英雄的气魄，
> 出现在亚洲的原野；
> 它表现出我们民族的精神：
> 伟大而又坚强！
> ……
> 啊！黄河！
> 你是伟大坚强，
> 像一个巨人
> 出现在亚洲平原之上，
> 用你那英雄的体魄，
> 筑成我们民族的屏障。

《怒吼吧，黄河》中则出现了"世界"，"向着全世界的人民，发出战斗的警号"的句式在这一章中被反复强调了三次。"亚洲"和"世界"标识出《黄河大合唱》的视野并不局限于中国版图之内，"黄河"除了可以像"黄帝"一样成为中华民族的符号之外，还可以为亚洲乃至世界提供值得仿效的精神。于是，作为"天下之水"的黄河，其"天下"不仅包括中国各地，也包括整个亚洲乃至世界。和被国民党垄断的黄帝祭祀相比，《黄河大合唱》是一个可被"天下人"分享的符号，而非普通民众不可触碰、不可控制的神圣之物。

正如冼星海在回忆中指出的,《黄河大合唱》是延安各种晚会的中心。1938 年到访延安的陈学昭曾对延安的各种"报告,大会,晚会与小小的聚会"有所回忆,她指出这些"会"绝非"官样文章"或者"形式",其热烈紧张程度可以与欧洲的群众大会、公民聚会相比。她在参加这些"会"的过程中了解了抗战的形势和政治主张,并为其中毛泽东的演说、朱德的平易近人和人们的合唱感到十分感动。[59] 延安时期的"晚会"实际上是一种民主生活的发明,既可以实现军民、干群之间的联欢,普及政治常识,又可以丰富人民的娱乐生活。《黄河大合唱》作为"晚会"的中心节目,也成为这种民主生活的一部分。冼星海曾指出,延安的"大合唱"的作用体现为"提高了文化水平,增加了抗战的热忱,进一步增强了唤醒民众,教育民众和组织民众的工作",[60] "合唱"这种面向民众的特点,有助于争夺"天下人"的"民心"。而在另一方面,"合唱"本身也塑造了一种"集体大众"的形象。本雅明曾指出"大众"的形象与现代技术的关联:个人的肉眼无法看清大众,但在大阅兵、接力赛、运动会和战争中,"在这由摄影机和录音机捕获的一切当中,大众面对面看到了自己"。[61] 合唱也是一种让大众"面对面看到自己"的发明。在合唱中,集体的声音感觉压倒了个人的声音特质,从而提供了一种让"个人"感知"集体"形象的方式。无论是演唱者还是听众,在合唱的巨大声浪中都得以感受到一种具有力量和组织性的"集体"的诞生。"黄河"与"黄帝"虽都是借自民族传统文化的符号,但是,一个以集体大合唱的形式延续传统，另一个以官方祭祀的方式表达推崇，它们在民众心中形成的是截然不同的经验。

如果将共产党和左翼文化人对于《黄河大合唱》的重视放置在与国民党的黄帝祭祀进行文化竞争的背景中，就可看出20世纪三四十年代国共双方在利用传统塑造民族主义之时的不同态度。民族主义需要动用传统文化资源，然而，被利用的"传统"到底是统治阶级的传统，还是人民大众的传统？国民党选择的是前者，不论是黄帝祭祀，还是后来对于儒家文化的推崇，都隐含着恢复封建等级制的危险。黄帝在20世纪30年代被塑造为中华民族象征的同时，也像其在帝制时代那样成为统治者权力的象征。而共产党和左翼文化人选择的则是吸收源自底层民众的"民间形式""地方形式""旧形式"，构想一种既与传统保持连续性，又具有现代意义的"民族形式"。冼星海在1939年4月为鲁艺成立一周年写作的《鲁艺与中国新兴音乐》中表示，"民族的新兴音乐"既不能"抄袭或模仿欧洲的音乐"，又不能"趋向从前封建的形式和内容"。他指出，这种新兴音乐可以利用欧洲曲体，但"旋律性与调性方面是要'中国的'、民众的、通俗的"，因此要"从我国民歌小调、旧剧、大鼓及中国乐器研究做基础"。[62]冼星海举出的中国新兴音乐的例子就包括《黄河大合唱》。也就是说，抗战时期左翼文化人理想中的"新兴音乐""民族形式"等"新风格"，既要从中国传统中发展出一种独立于西方的"民族特色"，又要改造这一传统中"封建的形式和内容"。这种"新风格"的构造，实际上与中国现代以来"反帝反封建"的双重历史任务一脉相承。《黄河大合唱》将黄河从"天上之水"变成"天下之水",这是"黄河"的民主化过程,也是这一传统符号的现代化过程。延安文艺正是在对于"旧符码"的继承与改造中创造了一种"新风格"。

从种族视野到文明视野

除了研究《黄河大合唱》凸显了"黄河"的哪些特质,我们还要看到它回避了哪些方面。《黄河大合唱》在将黄河视为孕育中华文明的大河之时,也几乎抹去了"黄河"之"黄"。这一点是别有意味的。晚清以来的"种族国族主义"附着于"黄帝"想象之上,以"炎黄子孙"的表述将民族国家中的国民想象为一个血缘相系的"家族"。同盟会将黄帝视为汉族的始祖,并在1908年重阳节祭扫黄帝陵,这成为近代以来第一次由政党组织的黄帝祭祀仪式。国民党对于黄帝的重视与同盟会的排满主张有关。在中华民国成立后,"民族"的概念从汉族扩展为广泛意义上的"中华民族",但黄帝依然是作为"民族始祖"的意义被祭祀,黄帝祭祀中呈现的依然是一种以种族为基础的民族主义想象。[63]

在《黄河大合唱》中,中华民族同样是一个"家族"的形象,"黄河的儿女""中华民族的儿女""我们祖国的英雄儿女"等修辞大量出现。将中国人民视为"黄河"这一自然物的"儿女",而非黄帝、炎帝等人格神的"子孙",这样的修辞显然无意构想一个"炎黄子孙"式的父子相继的血缘家庭形态,也就排除了种族主义的意味。《黄河大合唱》中"黄河的儿女"并非意味着共同的血缘，而是意味着对黄河精神的传承与中国文明的承担。国民党的黄帝祭祀将黄帝视为全体中国人的始祖，而在《黄河大合唱》中，"黄河的儿女"（或者作为其同义词的"祖国的儿女"和"中华民族的儿女"）则只意味着那些拥有黄河式精神的"英雄儿女"。

> 我们是黄河的儿女！我们艰苦奋斗，一天天接近胜利。
>
> ——《黄水谣》

> 中华民族的儿女啊，谁像猪羊一般任人宰割？
>
> ——《保卫黄河》

在"黄河的儿女"和"中华民族的儿女"之后，作者都对其做出了精神气质上的界定："黄河的儿女"必须艰苦奋斗，"中华民族的儿女"不能任人宰割。有意思的是，这种以精神气质而非血缘来阐述"儿女"的方式，也出现在茅盾与朱德1940年在黄帝陵前的对话中。朱德让茅盾讲讲黄帝的故事，茅盾便"书生气十足地讲了一通黄帝的'家史'"。他从神话传说中黄帝的功绩讲起，指出：

> 这些神话传说在人们口头传诵了五千余年，正说明了黄帝在中国人心目中的特殊地位，他代表了我国悠久的历史和

文化，他是中华民族的象征。⁶⁴

接下来，朱德表示，他要在茅盾讲的"历史上的黄帝"之后讲讲"当代的黄帝——我们这些黄帝的裔胄"：

> 我们这些黄帝的子孙点燃了民族解放的烽火，全国人民正进行着神圣的抗日战争。抗日战争就是中华民族复兴的战争。我们一定要把这场战争进行到底，我们也一定能取得战争的最后胜利！现在有人想阻挠抗日战争的胜利进行，想妥协投降，这种人是黄帝的不肖子孙！⁶⁵

茅盾将黄帝视为"中华民族的象征"，而朱德则要在当下现实的中国人中区分谁是黄帝真正的"子孙"，谁是黄帝的"不肖子孙"。朱德的回应折射出这一时期共产党的民族主义主张与种族主义的差别：只有能够完成民族复兴任务的人才是中华民族的真正"子孙"与"儿女"。重要的不在于血缘，而在于是否具有坚韧不拔、战斗到底的精神。这与光未然在《黄河大合唱》中所描述的"黄河儿女"的精神气质是一致的。

在抗战时期的民族动员中，共产党在借用传统构建全民族的共同符号之时，尤其着意凸显民族的精神气质和文明传统。如果说，国民党操控的"黄帝"符号彰显了中华民族之古老历史，那么在《黄河大合唱》中，通过以具有崇高理性的黄河船夫取代以往的歌词"起来"中暗示着的沉睡民众，以作为"巨人"的黄河形象取代其作为"中国之殇"的负面形象，以作为"天下之水"的黄河取代作为"天上之水"的黄河，共产党和左翼文化人让"黄河"在"古老"属性之外呈现出中华文明充满活力的"新鲜"气质。这种"新鲜"气质源自黄河边的延安政权和战斗着的人民大众，他们将为中国带来全新的远景：他们是文明的继承者，更是复兴者。从而，《黄河大合唱》超越了"黄帝"符号的种族主义或民族主义视野，并在不便直接言说阶级话语的当时暗中讲述了谁才是先进力量和正确方向的道理。同时，《黄河大合唱》也为我们理解20世纪40年代民族形式讨论中"旧"与"新"的关系提出了新的理解："新"对"旧"的借用不光是为了通俗，更在于激活古典中国的文明视野。当然，"旧"本身也需要得到改造，使之从少数统治阶级的文化变为人民大众的文化。曾有人指出《黄河大合唱》中的"新风格"以"人民新的气息"[66]为基础，概括可谓精当。但这里的人民之"新"并非建立在与传统的断裂之上，而恰恰是对于文明传统的"返古开新"。在康德的"崇高论"中，人的崇高建立在对于自然的克服之上。但《黄河大合唱》中"人民"和"黄河"的崇高是并行不悖的，原因正在于"人民"与"黄河"乃是一体的。黄河是中国文明传统的象征，人民则是在当下继承并开拓这一传统的文明担纲者，它们共同构成了中国文明的过去与未来。

在20世纪三四十年代，黄河是孱弱无力、多灾多难、"机能低劣"的中国和中国民众的隐喻。在半个世纪后轰动一时的电视纪录片《河殇》中，作为"海洋文明"的对应物，黄河又重新恢复了这种隐喻功能。二者的逻辑是一以贯之的。而《黄河大合唱》则构成了现当代黄河形象序列中的一个另类，它展现的黄河既是传统的，又是全新的，既是中国的，又是现代的。在蓝色海洋的现代性之外，《黄河大合唱》代表着一种根植于"土地"的现代性可能，而塑造这种可能的动力，来自中国革命以及革命对于古典文明记忆的激活与改造。

打开"城乡
交叉地带"

由于现代生产力的发展，又由于本世纪六十年代中期开始，在我国广阔的土地上发生了持续时间很长的、触及每一个角落和每一个人的社会大动荡，使得城市之间，农村之间，尤其是城市与农村之间相互交往日渐广泛，加之全社会文化水平的提高，尤其是农村的初级教育的普及以及由于大量初、高中毕业生插队和返乡加入农民行列，城乡之间在各个方面相互渗透的现象非常普遍。这样，随着城市和农村本身的变化与发展，城市生活对农村生活的冲击，农村生活对城市生活的影响，农村生活城市化的追求倾向，现代生活方式和古老生活方式的冲突，文明与落后，现代思想意识和传统道德观念的冲突，等等，构成了当代生活的一些极其重要的方面。

——路遥《致阎纲》

电影《人生》不仅要有"土味"，也要有"洋味"，使"外族"人也能毫无障碍地接受和投入。

——路遥《关于电影〈人生〉的改编》

交叉的年代、交叉的地带、交叉的文本

　　中国的 20 世纪 80 年代标识出一种断裂：告别"革命"，迈入"改革"。它也标识出一种撕裂："文明"与"愚昧"、"现代"与"传统"、"新"与"旧"等一系列二元对立占据了 80 年代文化广场的中心，并在具体的文学和影视表达中落实为城市与乡村的冲突。随着"革命年代"的落幕，中国一度展开的对不同于"西方现代性"的另一种"现代性"的探索似乎同时戛然而止。在 20 世纪 30 年代的斯诺和 20 世纪 40 年代的光未然那里，农村和土地依然具有"现代"的品质。而在电影《黄土地》《老井》和小说《红高粱》《爸爸爸》等 20 世纪 80 年代轰动一时的作品中，农村和土地已经沦为贫瘠、愚昧、静止的前现代空间。

　　路遥的小说《人生》正是一部典型的 20 世纪 80 年代作品。农村青年高加林不满农民生活，向往城市文明，最终却只能被绑缚在土地上。在当时的不少评论家看来，高加林是一个"新旧交杂"的人物。高加林身上的"新"与"旧",正联系着"文明"与"愚昧"、"现代"与"传统"、"城市"与"农村"、"个人"与"集体"等一系列二元对立。这些二元对立的出现,一面源自以现代化、工业化、都市化为导向的 20 世纪 80 年代改革,另一面与当时盛行的"人道主义""人性""启蒙"的知识分子话语有关。《人生》中,20 世纪 80 年代典型的人物形象除了高加林还有刘巧珍。这位农村姑娘大字不识,渴慕现代文明,最终被更为"现代"的高加林抛弃,正是在中国急剧现代化的过程中被抛弃的农民和"传统"的形象。不过,和《爸爸爸》中那个充满黑暗的"传统"相比,巧珍的淳朴善良和无限包容也成为人们在望向那不得不被抛弃的过去之时的一缕脉脉温情。《人生》与 20 世纪 80 年代的文化心理若合符节,因此成为路遥得到主流文学批评界最多认可的一部作品。《人生》获得了第二届全国优秀中篇小说奖,并被改编为电影、连环画、广播剧、辽南影调戏、粤北采茶戏。电影《人生》一上映,便扫获 1985 年中国电影金鸡奖最佳作品奖,第八届《大众电影》百花奖最佳故事片奖、最佳女主角奖,1987 年还获得中国电影评论学会和《文汇报》联合举办的新时期 10 年电影最佳故事片奖,导演吴天明获得导演荣誉奖。

除了"新旧交杂",《人生》还贡献了另一个类似的名词——"城乡交叉地带"。1982 年,路遥在与阎纲关于《人生》的通信中写道:"这个词好像是我的'发明'——大约是在你和胡采同志主持的西安地区作家座谈农村题材的那个会上说的。"[1]

对于"城乡交叉地带"的关注不只出现在《人生》中，而是路遥前后期作品的一贯主题。20世纪80年代在"城乡交叉地带"所卷起的风云，一方面来自知青回城，另一方面则来自农民进城。《人生》写的是农民进城，而路遥于1980年发表的《青松与小红花》、1981年发表的《姐姐》写的则是知青回城。在《姐姐》中，下放到农村的知识青年高立民一返回城市，便写信与在患难中相爱的乡下姑娘"姐姐"断绝关系，宣布"你是个农民，我们将来无法在一起共同生活"。这正是《人生》中故事的翻版。

《人生》也好，此前的《姐姐》也好，这些作品试图表现城市与乡村、现代与传统的"交叉"，但其结果是"无法交叉"。农民只能被牢牢地限制在自己出生的土地上，无法被"现代"、被城市接纳。真正的交叉发生在《平凡的世界》中——这是路遥耗费了最多心血，感动了最多读者，却得不到主流文学界肯定的一部作品。以孙少平和孙兰香为代表的双水村年青一代历尽磨难，终于从农村走进城市。这部被后来者视为"屌丝逆袭白日梦"的作品，对于那一代农村青年而言，却是实实在在的励志之作。热血沸腾地挑灯夜读《平凡的世界》，是那个时代的青年人的共同经验。

《平凡的世界》中不光显示了城乡人口和城乡空间的交叉，更在其内在思想资源上显示出交叉性。这要从《平凡的世界》那个简单却特别的开头说起。小说前三章紧密围绕着孙少平的吃饭问题展开，已将全书主要人物交代完毕。孙少平在学校只能吃最差的丙等饭，为贫穷感到自卑，在阅读中与郝红梅结下友谊。后来，他的同乡兼同学田润生替姐姐田润叶捎话，让孙少平去润生二爸，也就是时任县革委会副主任田福军家吃饭，从而引出了田福军、田晓霞等一系列人物的出场。

　　特里·伊格尔顿在《文学阅读指南》中说，我们之所以能掌握文学作品开头的含义，"完全是因为我们在阅读时借助了一定的文化参照系"[2]。路遥为《平凡的世界》写下的这个开头正牵连起一系列熟悉的文本。孙少平对于吃饭问题的敏感，直接关联起司汤达的《红与黑》中于连当上家庭教师之后首先关心的就是"我跟谁同桌吃饭"的问题；孙少平不关心无产阶级政治，甚至在政治课上偷看"反动书"《红岩》，并被政治积极的侯玉英举报，但老师安抚了孙少平，这近似于刘心武《班主任》中的故事；孙少平第一次感受到双水村外面有一个辽阔的大世界，是在阅读《钢铁是怎样炼成的》之时发生的。《红与黑》是批判现实主义和浪漫主义的个人反抗故事，《班主任》是以读书修复伤痕并克服异化的人道主义叙事，《钢铁是怎样炼成的》是共产主义新人锻造史。三种故事指向三种不同的主体成长方式，也关联起三种不同的精神资源。但别有意味的是，这个开头又修改了这三种故事。孙少平的吃饭问题在田润叶的体贴关怀下得到解决，他毫无《红与黑》中于连的羞涩胆怯，而是为温馨的乡情所感动。孙少平偷看的书也不是《班主任》中的《牛虻》，而是更为"正统"的小说《红岩》。而他在阅读《钢铁是怎样炼成的》时，最不能忘怀的是"富人的女儿"冬妮娅，甚至想，"如果他也遇到一个冬妮娅该多好啊"！[3]

　　《平凡的世界》就开始于多种经典叙事模式的交叉之中。首先，《班主任》指向 20 世纪 80 年代的核心文化命题：新人。《班主任》借助内含着人道主义思想和人性论的"19 世纪的幽灵"克服"文革"带来的"异化"，重建一种与新时期相适应的主体形象。但在路遥这里，主体建构的资源是社会主义现实主义经典《红岩》。其次，《红与黑》与《钢铁是怎样炼成的》代表着理解个人与社会关系的两种相反倾向：以个人为基点批判社会之恶，或者将个人融入无限的社会中去。李希凡在 1958 年的一篇文章中就对照《钢铁是怎样炼成的》与《红与黑》，批判后者"个人反抗的反动意识"[4]。在《人生》中，既像于连又像保尔·柯察金的高加林就展现出这种矛盾。然而，在《平凡的世界》中，紧密联系的乡村社群关系抑制了《红与黑》中个人与社会强烈对立的倾向，对冬妮娅的关注也缓和了阳刚的革命叙事。路遥意在设计一种在现代的"独立个人"与传统的"集体社群"关系中取得协调的主体。此外，相较于从改革领导人的视角、在一个固定空间内展开的《新星》《乔厂长上任记》《沉重的翅膀》等"改革文学"，《平凡的世界》在描写自上而下的改革举措之外，还着重突出了孙少平、孙少安、孙兰香、田润叶、田润生等农村"子"一代的精神成长史。

路遥曾表示，他希望通过《平凡的世界》给历史做一个"交代"。

　　　　尽管我接连两届获得全国优秀中篇小说奖，《人生》小说和电影都产生了广泛的影响，但实际上并没有什么。作家的劳动绝不仅是为了取悦于当代，而更重要的是给历史一个深厚的交代。[5]

《平凡的世界》中出现了很多路遥此前的作品中曾经出现过的情节，包括饥饿的中学生活、城乡青年之间的恋爱故事、农民靠"关系"进城等。这些情节在路遥之前的创作中，都以"问题"的面貌出现，答案却悬而未决。《人生》就是这些"问题"最猛烈、最集中的一次表达，因而成功地激起了20世纪80年代的波澜。《平凡的世界》三部曲则试图给历史一个"交代"——路遥面对的历史正是现代与传统、城市与乡村发生急剧裂变的历史，他在《平凡的世界》中尝试运用不同思想资源的交叉来回答这一历史中产生的各种"问题"。而《平凡的世界》遭到文学界冷遇的原因，也正在于其思想资源的复杂性难以被20世纪80年代任何一种主流叙事完全包容。

其实，写出具有"交叉性"作品的路遥，本身就站在时代的交叉路口：20世纪60年代，他是一名中学生"造反派"红卫兵领袖；70年代，他是一名开始文学创作的工农兵大学生；80年代，他在新潮文学规范面前左支右绌，始终被主流文坛视为"过时"；90年代，他却获得第三届茅盾文学奖这一绝对"主流"奖项的尊荣，并在身后成为"现实主义"的标杆性人物。路遥并非一位"只属于"20世纪80年代的作家，他的创作历程勾连起中国从20世纪70年代向90年代的转换，勾连起"革命年代"与"改革年代"。不同时代的转换最终在其作品中留下了真实的经验印痕。在路遥的作品中翻检这些印痕的过程，也正是一次探问乡村现代化别样道路的过程。

"农村新人"还是"鲁滨孙"？

在《平凡的世界》中，孙少平先是去黄原当"揽工汉"，后来又去铜城当煤矿工人。人们很容易把这样的形象当成后来的"农民工"，亦有学者在关于《平凡的世界》的研究中直接将孙少平视为"农民工"并展开论述。[6]但如果我们仔细揣摩小说原文中作者对于孙少平走出乡村的描写，就会发现其中别有深意。在小说第42章，当孙少平与田晓霞讨论毕业后的前途时，他做了一番慷慨激昂的陈述。

> 我现在特别想到一个更艰苦的地方去。越远越好。哪怕是在北极的冰天雪地里；或者像杰克·伦敦小说中描写的严酷的阿拉斯加……我不是为了扬名天下或挖金子发财。不知为什么，我心里和身上攒着一种劲，希望自己扛着很重的东西，在一个不为人所知的地方，不断头地走啊走……或者什么地方失火了，没人敢去救，让我冲进去，哪怕当下烧死都可以……晓霞，你说这些想法怪不怪？我也说不清楚这是为什么！但我心里就是这样想的。我回到家里，当然也为少吃没穿熬煎。但我想，就是有吃有穿了，我还会熬煎的。[7]

　　这一长段的自我剖白中，值得注意的是，孙少平想要离开农村的动力并非来自前文已经大肆渲染的、只吃得起"三等馍"的穷困生活，而是"心里和身上攒着一种劲"想要出走，即使有吃有穿也会继续"熬煎"。类似的剖白也出现在孙少平与孙少安发生过的两次争执中。一次是孙少平希望出去"闯荡世界"，不想在家帮哥哥孙少安经营烧砖窑。哥哥指责他爱"逛"，他立马反驳："我不是去逛！我是要出去干点事！"孙少平因这种"闯荡世界"的想法激动得像"打摆子似的颤抖"，说自己不出去闯荡一回就会"一辈子心平不下来"。叙事者的声音在这里插入评论，指出孙少平离开乡村的冲动不同于另外两位离开乡村的同龄人："虽然同是外出'闯荡世界'，但孙少平不是金富，也不是他姐夫王满银！"[8] 兄弟俩的第二次争执，是孙少安在扩大经营后再次找孙少平回家帮忙，孙少平依然拒绝了邀请：

　　　　钱当然很重要……我又觉得，人活这一辈子，还应该有些别外的什么才对……[9]

　　通过乡镇企业致富的孙少安是 20 世纪 80 年代改革中典型的农村人物形象，孙少平却不是。孙少平充满着远走高飞的无名骚动，不愿继续土地上的安稳生活，这正贴近于笛福笔下的鲁滨孙。《鲁滨孙漂流记》中，鲁滨孙有着房子、种植园和家庭，却在某种"命中注定的东西"的召唤下去海上冒险。孙少平无法抑制的"闯荡世界"的冲动与之类似。

更值得玩味的，是孙少平、鲁滨孙与作为孙少平原型的路遥三弟王天乐[10]之间的稍许错位。王天乐高中毕业后没有出路，在老家农村教小学，路遥曾为了王天乐的前途给好友曹谷溪写信：

> 天乐来了一信，谈了一下他的情况，看来是很苦的，我很难受，把一个二十来岁的人抛在一个自谋自食境地里，实在不是滋味。（1980 年 5 月 1 日信）[11]

在路遥的信中，王天乐是被"抛在一个自谋自食境地里"，不得不出门寻求发展。但在小说中，鲁滨孙式的孙少平是在不安定内心的驱动下主动出走。温铁军等人指出，20 世纪 80 年代初的农村承包制改革以"政府退出"和"甩包袱"的方式进行，[12]而到了 80 年代末，乡镇企业发展受挫，农民收入水平下降，农村劳动力被迫大量进入城市找工作，从而形成 90 年代初的"民工潮"[13]，这正是《平凡的世界》的写作年代。路遥将处在"被抛"和"被迫"的处境中的青年农民改写为命中注定要出门冒险的鲁滨孙，其中正寄寓了他的鼓舞和期盼。

瓦特指出，和浮士德、唐璜、堂吉诃德等因"自大、异常的才能和堕落的无度"而获得自由的漫游者相比，作为普通人的鲁滨孙通过理性规划在荒岛生活中实现了"这一切理想的自由"。[14]路遥在孙少平身上融入了鲁滨孙的元素，因此，有别于王满银和金富式的"盲流"和"逛鬼"——前者是 20 世纪八九十年代之交用以形容农村流动人口的代表性名词，后者是安土重迁的乡土中国对于不安于土地者的称呼，孙少平是主动出走并通过理性规划在新时代获取成功的新型人物。

孙少平与鲁滨孙的类比并非生造。1984 年 9 月，著名电影评论家钟惦棐在一次会议上提到电影《人生》时，也谈到了"鲁滨孙"这个形象。

> 围绕着高加林和刘巧珍的恋爱所展开的戏剧冲突，实际上是一场"扎根农村"的传统思想和不怕做"豆芽菜"的比较开放的社会思想之间的矛盾。我说"比较开放"是因为他还没有开放到鲁滨孙那种程度。[15]

发表于 1981 年《文艺报》上的一篇文章则将鲁滨孙与"社会主义新人"的命题联系在一起。

> 坚持四项基本原则，或者再概括一点说，坚持社会主义信念，应当是社会主义新人的最本质的特点。如果没有这一点，那还算什么社会主义新人呢？鲁滨孙和贾宝玉，都各是他们那个历史时代的新人，但当然不是社会主义新人。[16]

这篇文章的写作背景，是当时《文艺报》和《文艺争鸣》正在展开的"社会主义新人"讨论。这一讨论逐渐延伸出"农村社会主义新人"是什么，为何"农村社会主义新人"不如"城市社会主义新人"的典型问题。其中，雷达指出，为什么新时期文学在其他领域产生了乔光朴、陆文婷、张思远等公认的新人形象，却没有产生"比较成熟的、公认的当今农村的新人形象"？为什么农村改革的繁荣走在社会前列，但在精神上，农村人物总比其他领域的人物基点要低？[17]

"农村社会主义新人"一词包含着丰富的层次，要求协调"农村"与"现代"、"社会主义"与"改革"、"集体"与"个人"之间的关系。如何使一位农村青年呈现为既是"社会主义"的又是"新"（即"现代"）的？一方面，由于"单位制"的维持，城市改革中人物的"社会主义信念"可以通过其集体属性和精神境界表现出来。但农村题材就显得有些尴尬：在以"包产到户"的去集体化方式展开的农村改革中，"新"意味着否定"集体"，强调"个人"，"农村新人"的社会主义品质也就无从得到表现。另一方面，在20世纪80年代的"现代化"意识形态和"新启蒙"思路中，农村已经先在地被想象为"前现代"，被视为封建意识盘踞的场所。在文学作品中，农村改革的成果往往体现为生活水平的提高，却殊少展示农民的精神境界。总之，"农村社会主义新人"形象的缺失，不只是一个文学问题，更显露出新时期文化结构中农村和农民的尴尬位置。

孙少平正是路遥试图创造一种混合型"农村社会主义新人"的尝试。孙少平具有比高加林更彻底的鲁滨孙式冲动，但一直通过乡土社会网络得以生存、得到抚慰，而非像高加林那样只能在城乡之间二选一。孙少平"严格地把自己放在'孙玉厚家的二小子'位置上"，"敬老、尊大、爱小……人情世故，滴水不漏"，打工宁可少要钱，给奶奶买眼药水，给父亲箍窑洞，给妹妹置办行李……总之，他认可黄土地上的"另一种复杂，另一种智慧，另一种哲学的深奥"[18]。德国社会学家滕尼斯曾经区分了人类群体生活的两类形态：一类是建立在血缘、地缘和宗教基础上的"共同体"，另一类是建立在"个人、个人的思想和意志"基础上的"社会"。"共同体"在农村地区生机勃勃，而"社会"则是城市文化"不可或缺的器官"。滕尼斯写道："共同体是古老的，社会是新的"[19]，"在共同体里，尽管有种种的分离，仍然保持着结合；在社会里，尽管有种种的结合，仍然保持着分离"[20]。尽管滕尼斯想表达的是对于古老"共同体"生活的向往，但在20世纪80年代中国的"现代化"主潮中，这种对于古典与现代、农村与城市之间不同群体形态的体认被理解为古典的"共同体"需要进化为现代的"社会"，农村需要进化为城市。然而，《平凡的世界》却极力构想了两种群体生活之间的均衡性。孙少平虽是鲁滨孙式的现代个体，但依然尊崇农村的种种礼俗规矩，肯定乡土"共同体"所代表的价值。鲁滨孙的孤独处境被视为现代个体的普遍命运，预示着现代生活中"个人"与"社会"无可避免的分裂，而传统的乡土"共同体"却帮助孙少平超越了这一分裂。在本章引言部分对《平凡的世界》开头所做的分析中，孙少平对于吃饭问题的敏感近似于《红与黑》中的于连——这同样是一个典型的"个人"形象。但与于连不同的是，在田润叶的体贴下，孙少平的吃饭问题得到解决，他也为这种温馨的乡情感动。这是现代"社会"中的"个人"被乡土"共同体"拯救的例子。路遥虽然分享了 20 世纪 80 年代的人们对于城市文明和现代化的向往，但与此同时，在他眼中，以"社会"的方式组织起来的城市和以"共同体"的方式组织起来的乡村之间并不是非此即彼，后者并不需要被全盘否定，甚至可以救"现代"之弊、救"个人"之弊。孙少平这一形象体现出的，正是一种关于"乡土"与"现代"可以兼容的构想。

孙少平的"阅读"与"爱情"

路遥的大部分小说中都有一个家境贫寒却热爱读书的年轻人形象。他的自传体小说《在困难的日子里》是对这类人物心路历程的最初体现。这篇小说中，面对班上的干部子弟同学，高中生马建强摆脱自卑、建立尊严的方式是努力学习，把干部子弟甩在身后。在这里，读书和尊严被联系起来。《在困难的日子里》中，马建强因吃饭问题引发自卑，这一情节重复出现在后来的《平凡的世界》中。但《平凡的世界》中孙少平的读书，已经没有了赢得考试、超越家境优裕者的目的，而是直接服务于他的内心。

是的，他除过一天几个黑高粱面馍以外，再有什么呢？只有这些书，才使他觉得活着还是十分有意义的，他的精神也才能得到一些安慰，并且唤起对自己未来生活的某种美好的向往。[21]

　　读书和尊严的联系在《平凡的世界》中显得更为"直接"。这种"直接"体现在：不是通过知识出人头地，然后才有了尊严，而是知识本身就能安定内心，建立尊严。这一困苦中的阅读者形象，也出现在同时期刘震云的小说《塔铺》中。《塔铺》中也写到农村学生的饥饿和书籍缺乏，小说中最震撼人心的情节之一是，父亲连夜来回走路一百八十里，为"我"去县上借一本乡下没有，但对高考至关重要的《世界地理》教材，而且必须在 10 天之内归还。《塔铺》中的读书是高度功利性的，直接与可以让"我"跳出农门的高考相关。

　　相比之下，《平凡的世界》中的读书则要非功利得多，孙少平自发阅读《钢铁是怎样炼成的》《红岩》《创业史》，在田晓霞的指引下阅读《参考消息》《各国概况》、杰克·伦敦、艾思奇、《天安门诗抄》《白轮船》《简·爱》《红与黑》，从诗人贾冰处借《牛虻》，在揽工时读名人传记，他的读书是业余性的，并不与功利目的相关。路遥还在小说中强调：这种学习虽然从学校的角度看"极不规范"，但是对于个人的日常生活而言，也许"比课本知识更为有用"。作为农村孩子的孙少平读了太多与自己生活无关的书，以至常有后来的读者嘲笑他读书是为了装点门面。不过，值得注意的是，《人生》中的高加林确实常在看书看报之后向城市女孩黄亚萍大谈特谈国际政治和能源知识，但在《平凡的世界》中，孙少平的阅读姿态要比高加林低得多。高加林大张旗鼓地在同村人面前展现自己因受过教育而与众不同，而孙少平却总是躲在不为人知之处安静地阅读。孙少平的读书心得更多地转化为一种人生体悟，而非一种在他人面前的炫耀性展演。

伊恩·瓦特在《小说的兴起》中指出，18世纪初，曾存在着一种关于"劳动阶级因追求比他们高贵的人的业余消遣而把毁灭带给了他们自己和农村"的论调，以此来维护社会等级秩序。这种观点认为，阅读会造成手工劳动者的精神涣散，使他们不再劳动。[22] 参照这一观点，《人生》便可被视为一部关于劳动阶级如何因追求更高贵的业余消遣而造成毁灭的小说。高加林读了书便不安心劳动，想到城里去当记者，他觉得这样"多美"。与之类似，在20世纪60年代赵树理的小说《互作鉴定》中，知识青年刘正回到农村后不安心劳动的表现之一就是写诗。将这种思维推到极致的，是20世纪80年代一篇曾被拿来与《人生》比较的小说——陈忠实的《康家小院》[23]。它讲述的是乡里媳妇玉贤上了冬学识字班，结果被冬学先生的风度和言谈引诱而出轨。事实上，根据陈忠实的自述，《康家小院》是受《人生》启发的创作结果，这篇小说还获得了《小说界》的首届评奖。[24] 联系到《人生》也是路遥在文学界最负盛名的小说，其中似乎体现出"新时期文学"中的一种关于农村与"高级文化"关系的普遍偏见。

从《人生》到《平凡的世界》，体力劳动和智识训练的关系从对立转化为并行不悖。田晓霞一度以为孙少平回到农村之后就会被"小农意识的汪洋大海"淹没，却没想到他一直没有放弃精神追求，这成为他们恋爱的开端。孙少平即使在黄原揽工的艰苦环境下依然坚持阅读《马克思传》《斯大林传》《居里夫人传》。

他读这些书，并不是指望自己也成为伟人。但他从这些书中体会到，连伟人的一生都充满了那么大的艰辛，一个平凡人吃苦又算得了什么呢？他一生不可能做出什么惊人业绩，但他要学习伟人们对待生活的态度——这就是他读这些书的最大收获……[25]

阅读名人传记的孙少平，很容易让人联想到《红与黑》中将《圣赫勒拿岛回忆录》视为命根子的于连。于连深深眷恋那个能让底层青年大展身手的拿破仑时代，因而对自己所处的时代充满憎恨。但孙少平没有使书中的世界映照出对现实世界的不满，而是将其视为一种普遍化的"人生哲学"。这种将具体进行"抽象化"的努力，是一种高级的认知能力。这种能力不止一次出现，孙少平甚至从自己的苦难生活中提炼出了一种"关于苦难的学说"[26]。小说特别点出，正因为这一原因，穿着破衣服的孙少平在穿着风雨衣、旅游鞋的田晓霞面前，并不觉得低人一等。

有意思的是，于连式的阅读出现在了安锁子身上。孙少平在矿井下利用休息时间给大家讲《红与黑》中的故事，当他讲到于连如何爬进了"那位小姐"的卧室时，单身汉矿工安锁子十分嫉妒于连的"好运气"，气得撕毁了《红与黑》。同样的例子也出现在孙少平的黄原揽工生活中："萝卜花"为大家讲述自己与灵香的故事，他添油加醋地描述灵香的美和自己骚动的欲望，让揽工汉们浮想联翩、兴奋不已。雅克·朗西埃曾对福楼拜为何要让包法利夫人死亡有一个解释：艾玛·包法利阅读了太多小说，因此将文学与生活混为一谈，想让文学中的快乐变成现实的快乐，而这是不为等级秩序所允许的。在当时的评论家心中，包法利夫人是因得不到民主而在想象上过度兴奋的象征。朗西埃将包法利夫人的死亡视为一种文学观念运作的结果：这种文学观念认为艺术必须与生活保持边界，否则就是媚俗（kitsch）。《包法利夫人》因而被朗西埃视为"反媚俗的第一个宣言"[27]。

包法利夫人的阅读与安锁子和揽工汉们的阅读都是类似的。相比之下，孙少平清楚地区分了艺术与生活的关系。有一个例子，孙少平在读完《白轮船》后与田晓霞出门散步。第一次与姑娘单独在一起的经历让他骚动不安，但他在春夜中感到忧伤，叹息着念起了《白轮船》中吉尔吉斯人的古歌：

> 有没有比你更宽阔的河流，爱耐塞，
> 有没有比你更亲切的土地，爱耐塞。
> 有没有比你更深重的苦难，爱耐塞，
> 有没有比你更自由的意志，爱耐塞。

田晓霞也一同朗诵起来：

> 没有比你更宽阔的河流，爱耐塞，
> 没有比你更亲切的土地，爱耐塞。
> 没有比你更深重的苦难，爱耐塞，
> 没有比你更自由的意志，爱耐塞。

　　小说中写道，这时的孙少平想要抱住田晓霞，却被喇叭声拉回现实之中。这是《平凡的世界》中非常动人的一段描写。使孙少平高出安锁子的，是前者没有将阅读视为轻易获取欲望快感的来源，反而是通过阅读将个人的欲望和忧伤导引向某种具有超越性、包容性的存在：山川河流，以及苦难、自由等哲理概念。这样的态度，和上面分析过的孙少平从书本世界中提炼出一种"人生哲学"的阅读态度是一致的。孙少平的阅读方式显示出一种"反媚俗"的姿态：艺术可以用来补偿现实的不足，但艺术始终是"内部"的，不被直接拉入"外部"的现实之中。这一姿态从根本上与20世纪80年代"纯文学"观念的深层机制相吻合。

　　因此，我们可以从文学的意义上理解为何孙少平可以与田晓霞恋爱。事实上，虽然路遥从《姐姐》开始就持续书写着地位不对等的恋爱故事，但这些恋爱关系都无法长久，只有孙少平和田晓霞是例外。当时有人问路遥，是不是因为无法处理孙少平与田晓霞的恋爱而让田晓霞死去。路遥认为这不是无法处理的，他们的结合完全有可能。[28]"爱情"是20世纪80年代人道主义话语最集中、表达最强烈的主题。20世纪80年代的爱情观念以人格平等为基础，只有在这样的思想背景下，《人生》中高加林抛弃刘巧珍才不是一个"陈世美"[29]式的、贫寒才子"发迹变态"的老套故事，而是因没有共同语言而无法产生"爱情"的新故事。黄亚萍与高加林的关系展示出的是另一个问题：城乡差别也是人格平等的阻碍，人格不平等的人之间无法产生真正的"爱情"。《人生》中特意写到黄亚萍之于高加林的支配地位，高加林认为他无法保证黄亚萍会永远爱他，但敢保证巧珍会永远爱他。而孙少平的"非功利"和"反媚俗"阅读，则使其超越了安锁子甚至高加林，超越了农村出身，具有一种"知识分子"人格。同样，田晓霞也不是杜丽丽那样的典型城市青年，而是更接近"知识分子"形象。在同为"知识分子"的意义上，他们才得以超越"阶级出身"，拥有爱情。

如果细分，田晓霞和孙少平其实是两个时代的文化英雄。像田晓霞这样读"黄皮书"、"灰皮书"、《参考消息》《各国概况》长大的高干子弟，曾经出现在 20 世纪 80 年代初的《晚霞消失的时候》和《公开的情书》中。洪子诚在点评《晚霞消失的时候》时指出，他们的高谈阔论之所以如此激动人心，源自这些谈论是对上一个年代里"知识无用论"的背离和批判。[30] 而在将农村和农民视为"愚昧落后"的 20 世纪 80 年代，《平凡的世界》中以"非功利"和"反媚俗"姿态阅读严肃书籍，还能从苦难中"抽象"出"学说"的孙少平，则倾注了路遥对于农民如何获得一种"精神生活"的期待。

只要将孙少平的形象与另一部刻画了 20 世纪 80 年代经典农民形象的作品《陈奂生上城》中的陈奂生进行对比，就会发现二者的差异所在。《陈奂生上城》不只有陈奂生的县城奇遇，还有另一条意味深长的线索。在小说开头，陈奂生原本是个没有"精神生活"的人，他只会讲"三九年大旱"的历史，无法为别人提供新鲜的故事。然而，意外在县城招待所住了一夜之后，陈奂生发现自己"总算有点自豪的东西可以讲讲了"，"仅仅花了五块钱就买到了精神的满足"。农民被视为缺乏"精神生活"的人，只有城市才能赋予他们"精神生活"，这是城市"文明"而农村"愚昧"的写照。而在路遥那里，孙少平的精神追求超越了他所身处的艰难环境。更重要的是，不同于只有通过"买"这一建立在经济基础上的消费行为才能获得"精神生活"的陈奂生，孙少平之精神生活的获得来自在逆境中磨砺自我。这就意味着，农村人并不会因为经济水平的落后而缺乏获得"精神生活"的可能性，恰恰相反，正是这种艰难困苦为他们提供了磨砺精神的必要条件。那个在漏风的工地上挑灯夜读的孙少平形象，因此才无比激励人心，成为激励了一代代农村青年的形象。在农村和农民被视为"愚昧"的 20 世纪 80 年代，这是路遥为千千万万和他一样的农村青年找到的通往高贵的道路。

在"柳青传统"与"陕军东征"之间

1984 年，路遥在一篇创作谈中谈到一种文学经验：现在的很多文学作品写到农村时，只是写农民有钱之后如何把钱花出去，"买电视机，一下买好多油饼，也不管是否吃得下"，他认为这是不准确的描写。[31] 蔡翔在 1980 年的一篇文章中也指出，当时作品中充斥着买电视机的细节，张一弓的《黑娃照相》《黑娃的新闻》和谌容的《弯弯的月亮》等作品中，"农民以一种在城里人看来未免好笑的热情来努力证明自己的价值（比如黑娃照相和买电视机）"[32]。这种以"在城里人看来未免好笑的热情"来证明自我价

第三章　打开"城乡交叉地带"

/

093

值的态度，也是高晓声笔下陈奂生的态度。而路遥在 1984 年的这篇创作谈中接着指出，文学作品应该写出人物的成长过程。

> 一个社会先驱，首先要刷新自己才能对社会做出贡献，而人们往往只看到他与社会的矛盾冲突，而看不到他自身的矛盾冲突。……任何英雄模范都要经历艰难的历程：他要献身于社会就要完善自身，而这种完善自身的过程往往是非常艰难的。文学作品中应该揭示的正应该是先进人物的这一过程。[33]

这里涉及两个问题：农民精神面貌的问题和先进人物成长过程的问题。从根本上说，这是如何理解农民本质的问题。在《文艺报》1981 年于长沙召开的农村题材小说创作座谈会中，刘勇将作家对于农民"进城买东西"这一情节套路的喜爱与他们对有关"农民的本质"的认识联系在一起。他对当时流行的作品中总爱写农民逐步富裕后进城买东西的情节表示反对："作家观察生活时，不能单看到农民只顾自己，还应看到他们关心集体；不能单看到他们买自己的生活用品，还应看到他们合伙买大型农具、办五小工业……这样，才能反映农民的本质。同志们都说《李双双》这部电影，农民现在还爱看。为什么？因为李双双热爱集体，具有社会主义思想，观众从中得到教益，受到鼓舞，因此农民百看不厌。"[34] 20 世纪 80 年代的作家不再描写农民的精神品质，只写他们的物质欲望，正是因为在现代化意识形态的进化图谱中，农村已被先在地视为一个充满着愚昧的场所。农民被视为充满对于城市物质文明的歆羡、缺乏精神上的更高层次追求之人。

　　往前追溯，在 20 世纪 60 年代柳青与严家炎关于《创业史》的著名论争之中，其实也透露出同样的经验与问题。严家炎认为梁生宝的形象是失真的，原因是他的理念活动过多，总能从平凡的事物中发现深刻的意义，思想政治水平"比区干部还高"，因而偏离了"那种农民的气质"。[35] 针对这一批评，柳青表示，这涉及"重大的原则问题"。在柳青女儿的回忆中，柳青当时本来不打算就严家炎的文章表态，但听到邵荃麟讲"中间人物论"，感到其中带有一部分人的偏见，因而决定写文章回应。[36] 在回应文章《提出几个问题来讨论》中，柳青认为，所谓梁生宝能从"小事情"中看出"大意义"，并非写作者脱离了农民生活，将自己的思想强加于农民，而是梁生宝经历过"1952 年冬天我国晚解放的农村分期分批对全体农村党员进行整党教育、党内进行社会主义革命思想动员的结果"。因此，梁生宝的气质有些"不完全属于农民的东西"毫不奇怪，因为他已经发展出了"属于无产阶级先锋战士的东西"[37]。

　　柳青所看到但并未明言的，是文学界对于农民和农村的认识偏见。即使是在极力要扭转城乡不平等结构的 20 世纪 50—70 年代，农民目光短浅、农村工作琐碎也依然是定型思维。1962 年"大连会议"涉及的写"中间人物"还是"英雄人物"的讨论，本质上就是如何认识并书写农民的问题。"大连会议"上，胡采推重柳青、王汶石、峻青的小说，提倡写英雄人物，使用浪漫主义创作方法，不赞同写"中间人物"和"现实主义深化"。他的这些观点和当时与会的山西作家及邵荃麟、侯金镜等作家协会领导有极大差别。胡采批评赵树理当时的小说"太实","五百年前的农民也是如此。今天的劳动人民有什么新的精神面貌,揭示得不够"[38]他说的就是如何理解新时代农民本质的问题。而胡采正是 20 世纪 80 年代的陕西作家协会主席,也是新时期陕西写作的有力推动者和阐释者。

梁生宝的形象是否真实的问题,其根本在于是否认定某种固定不变的"农民性"的存在。这正是能否从"土"中发展出"现代"的问题。在柳青那里,农民可以成长为和区干部一样的"先锋战士",在此意义上,农民和区干部没有本质差别。这一思路被路遥移植。路遥对于"城里人"和"农村人"的描述是十分复杂的。他虽然强调《平凡的世界》中的孙少平和孙兰香等人没有"一般农村人"的气质,但这并不意味着"农村人"低于"城里人",而是意味着"农村出身"与人们惯性思维中的"农村气质"并无关联。从而,在这样的思路中,"农村人"和"城里人"本质上没有差别。"现代"并非只能被城市和城里人垄断,"土"同样可以毫无阻碍地融入"现代"。

路遥将他笔下的矛盾冲突理解为"城乡交叉地带"所产生的问题。

由于现代生产力的发展,又由于从本世纪六十年代中期开始,我国城市与农村之间的交往日益广泛,两者的冲突构成了当代生活的重要方面。[39]

　　这个概念的特殊性在于，它将那个时代出现的冲突理解为社会体制的冲突。这一思路带有"经济基础决定上层建筑"的唯物色彩，与 20 世纪 80 年代其他人的选择形成对照。当时更为主流的观点是将时代的问题视为"传统"与"现代"的冲突，进而延伸为农村的"保守"与城市的"进步"之间的冲突。这样，农村人与城里人的差异就近乎"国民性"的差异。与路遥同时代的陕西作家陈忠实在 1985 年前后受到"人物文化心理结构"学说的决定性影响，在《白鹿原》的写作中突破以往信奉的"典型性格"说，从而摆脱了陕西前辈作家柳青和王汶石的影响。所谓的"人物文化心理结构"学说，根据陈忠实的描述，指的是：

　　　　人的心理结构主要由接受并信奉不疑且坚持遵行的理念
　　　为柱梁，达到一种相对稳定乃至超稳定的平衡状态，决定着
　　　一个人的思想质地道德判断和行为选择，这是性格的内核。
　　　当他的心理结构受到社会多种事象的冲击，坚守或被颠覆，
　　　不能达到新的平衡，人就遭受深层的痛苦，乃至毁灭。[40]

　　这一学说，按陈忠实的说法，在当时并未引起轰动，我们也无从查考具体发明者。[41] 但就陈忠实的阐释而言，这是对 20 世纪 80 年代一系列流行理论的综合，包括李泽厚对于内在"文化 – 心理结构"的强调和"积淀说"、刘再复的"内宇宙"理论和"性格组合论"、金观涛的"超稳定结构"等学说。其总体倾向是将人的内在心理视为稳定的存在和具有决定性的前提。这一建立在

"内在心理结构"基础上的人与路遥笔下受社会所决定的人之间差异巨大。在 20 世纪 80 年代的语境中，这种"内在心理结构"指的就是所谓的"国民性"或者"超稳定结构"，也就是外在的历次社会变革都无法动摇的"传统"力量。于是，在《白鹿原》和《废都》等作品中，农村和内陆中国被怀旧化、神秘化，与城市文明格格不入，更处于时间之外，成为"古老中国文化"的"化石"。

路遥对这个问题是有自觉的。他在《关于电影〈人生〉的改编》中提出，"一般认为农村题材的电影只要有所谓的生活气息就行了"，但是他希望《人生》不能停留于此，不仅要表现"陕北的人情、民俗和大自然的风貌"，还应该表现"蕴蓄于其间的社会的、历史的、审美的甚至哲学的内涵"，从而使"不仅不识字的人看得懂或受到感染，文化程度较高的人也能由此展开更深层次的思索"。他将这样的追求总结为：不仅要有"土味"，而且要有"洋味"。[42] 他理想中的农村景观不应只有前现代的一面，也应当展现出现代的一面。然而，吴天明导演的电影《人生》恰恰与此背道而驰。吴天明对于《人生》的定位是一部"西部片"，其内涵包括西北的独特风光、人民的豪放粗犷性格和传奇生活，正是对"陕北的人情、民俗和大自然的风貌"的渲染。电影《人生》中删去了大量关于高加林的"卫生革命"和城市生活的内容，而巧珍的旧式婚礼却是吴天明最满意的情节。[43] 吴天明此后拍摄的其他电影，如《老井》，更强化了对于乡村"奇观"的展示，与 20 世纪 80 年代"新启蒙"思潮影响下的"寻根"一脉相承。

以柳青、杜鹏程、王汶石为代表的陕西作家，原本在 20 世纪 50—70 年代的当代文学谱系中占有重要位置。但 80 年代的文坛风尚被东部沿海地区最早接受欧风美雨的新潮作家牢牢把握，陕西作家随之逐渐被边缘化。此后，由《白鹿原》《废都》《最后一个匈奴》等作品完成的"陕军东征"，重新将陕西作家带回 90 年代公众的视线。稍早于"陕军东征"，《人生》《老井》《黄土地》等一系列影响极大的电影，为中国银幕贡献出了令人印象深刻的西部形象。借用吴天明的称呼，它们是中国的"西部片"。然而，人们从"陕军东征"和中国"西部片"中认识的中国西部，是一个极端落后的形象：绵延不断的山脉、一望无际的黄土，以及在这样的压抑环境中生存着的愚昧未开化的百姓。

可以说，"陕军东征"是此前发端于南方沿海城市的"寻根文学"运动反向催生的事物。"寻根文学"使人们开始在中国内部寻找他者，寻找与"现代"有别的"传统中国"与"传统文化"。然而，当这一诉求与 20 世纪 80 年代在城市与乡村、沿海与内陆、中心与边缘之间建立起的"现代"与"传统"模式相结合，其结果是使内陆农村和边缘地区的前现代形象更为固化。"陕军东征"的大获成功，则是陕西作家们主动采用了"自我他者化"策略的结果。

路遥后来修正了对于"城乡交叉地带"的阐释："这一概念应该包含更大的范畴。总之，农村绝对再不是一个封闭的社会，我们在表现当代农村生活时，应该充分地认识到这一点。"[44] 他指出，蒋子龙"通过工厂生活来写比较广阔的社会生活，给人一种气势磅礴的感觉。写其他题材的作品也同样应该如此"。[45,46]同样，他在为电影《人生》给出的意见中，也提出要追求一种"雄浑、博大和深沉的风格"。在路遥这里：一方面，这一"博大"而"广阔"的西部形象有别于"陕军东征"和中国"西部片"中封闭、保守的西部形象；另一方面，西部农村不是"改革"和"现代"之外的场所，而是集中着改革时代诸种新现象的中心区域。路遥这一观察西部的方法，与陈忠实、贾平凹等同代陕西作家截然不同。若要为之寻出一段谱系，则可以说，这正是柳青以"蛤蟆滩"这一个小村庄的变迁向读者揭示"中国农村为什么会发生社会主义革命和这次革命是怎样进行的"[47]的方法。

　　"陕军东征"与路遥之间似乎有着某种神秘的联系——或者说断裂。1992年，路遥在即将被任命为陕西作家协会主席之前去世，1993年，陈忠实接任了陕西作家协会主席一职，"陕军东征"正发生于这一年。路遥处于柳青与"陕军"之间的位置，他的去世意味着柳青式写作风格的消失。在文学遭遇边缘化的20世纪90年代，《白鹿原》和《废都》却成为绝对的畅销作品。它们的流行使其所代表的农村书写模式被固定下来，西部农村和农民在大众文化中也被定格为落后而神秘的前现代景观。路遥关于西部既要有"土味"又要有"洋味"的梦想，渐渐消散，杳不可闻。

文学地图的转移与路遥的浮沉

　　对于路遥的评价，在文学研究界和普通读者之间始终存在着巨大反差。这是一直引发人们关注的问题。1986年春,《平凡的世界》第一部写毕。《当代》杂志派来看稿的编辑周昌义认为这部小说语言啰唆,节奏缓慢,缺乏悬念和意外,跟不上当时标新立异、流行"寻根文学"和现代主义、讲究思想启蒙和文化复兴的文坛,因此找借口退了稿。[48] 作家出版社的编辑看了这部小说,也认为这是老一套"恋土派",并将稿件退还。[49] 最后,《平凡的世界》第一部只能辗转发表在地处边缘、抢夺稿源竞争力不如《当代》《十月》《收获》等京沪杂志的《花城》上。[50]《平凡的世界》第一部发表后,虽然《花城》在北京举办作品研讨会力荐这部作品,但反响并不好,以致第二部无处发表,第三部也只发表在影响力并不大的山西刊物《黄河》上,直到被中央人民广播电台播出才一炮而红。

路遥所遭受的冷遇,据说源自他在20世纪80年代的文坛中显得过于"落伍"。事实上,他的"落伍"与80年代陕西文坛的集体边缘化密切相关。作家出版社编辑以"恋土派"批评《平凡的世界》,暗示迷恋土地和农村题材在当时已是过时的行为。据周昌义回忆,在新时期格局中,陕西远离经济文化中心和改革开放前沿,面对新知识、新信息、新思想爆炸的整个文坛感到深深自卑。路遥正是当时陕西作家的一个缩影。周昌义这样评价路遥:

> 路遥才气平平,但有生活,能吃苦,肯用功。他和大多数陕西作家有相同的创作路数。他的成功和失败都会对陕西

作家有巨大的影响。[51]

陕西文坛在 20 世纪 80 年代走向没落的典型例子之一便是，"新时期"以来到 1985 年为止，陕西新老作家竟无一部长篇小说出版，以至陕西作家协会都无法推荐作品参评前两届茅盾文学奖。与陕西文坛在"十七年"时期（即从新中国成立到"文革"开始的这段时间）曾贡献了《创业史》（柳青）和《保卫延安》（杜鹏程）两部巨著的辉煌成果相比，80 年代的这一状态无疑是惨淡的。因此，路遥在担任陕西省作家协会副主席（分管长篇小说创作）之后，立马着手策划的就是"陕西省长篇小说创作促进座谈会"。[52]

与此形成对应的是，在 20 世纪 80 年代对风靡一时的"现代派"所进行的批判运动中，陕西作家群是主力。1982 年 9 月，中国作家协会在西安召开"西北、华北地区部分青年作家座谈会"。会议的主旨虽然名为"推动青年文学创作"[53]，但与会成员张石山在回忆中分析，这次由刚上任的中国作家协会党组书记唐达成推动的会议，主旨就是"抵制现代派"。因为西方文艺思潮随着改革开放涌入国门，现代派和意识流在当时中青年作家的创作中非常流行，而华北、西北地区封闭保守，作家老实土气，是抵制现代派的中坚力量。路遥就参加了这次会议。[54]同年 11 月，唐达成在另一次批判现代派的会议上更是列举陈忠实、路遥、邹志安等西北作家（实际上都是陕西作家）的作品作为"真正的好创作"的代表。[55]此后不久，《青年文学》1983 年第 1 期上发表了唐达成以笔名"唐挚"写作的《漫谈〈人生〉中的高加林》，文中将《人生》称为"一部具有现实主义力量的作品"[56]。根据中国青年出版社编辑王维玲与路遥的通信记录，王维玲在1982年12月就已告知路遥，《青年文学》组织的一组《人生》评论中首篇是唐达成所写。这就意味着，唐达成褒扬路遥的这篇文章，写作时间与他当年11月对现代派的批评相去不远。[57]与沿海地区过分"洋化"的"现代派"相比，西北、华北地区坚守"现实主义"的作家则是"土气"的、过时的。在20世纪80年代文坛的风云竞逐中，作家所处的地理位置是重要的影响因素。

　　但陕西文坛的边缘化不只是现代派兴起、现实主义被排挤所产生的结果，更与它所擅长的农民和农村题材的失宠有关。在20世纪70年代末、80年代初，随着伤痕文学、反思文学兴起，知识分子迅速成为文学的主要表现对象，主打农民、农村题材的陕西文坛随之产生了危机感。在1981年《文艺报》在西安召开的农村题材小说创作座谈会上，时任陕西作家协会主席胡采指出，知识分子在此前遭受了一段时期的压抑和迫害，现在多写他们是对的，但是也应当继续关注占据我国人口大多数的农民群体，"应该有更多高质量的作品献给农民群众"[58]。这一时期，忧心于"新时期文学"忽视农民，文学艺术界的领导者甚至提出了两个口号："文学，要关注八亿农民"[59]和"电影，要关注八亿农民"[60]。贺桂梅的研究指出，中国现当代文学的诸次转型，对应着社会结构的转型所导致的"中国"内涵的变化。20世纪80年代的"新时期文学"之于50—70年代的"当代文学"的反叛，正对应着 70 年代末、80 年代初文学地图的转移。"知青回城"使作家从被下放的农村、内陆、西北转移到城市、沿海、东南，同时，国家的经济、文化工作重点也从农村回到城市。[61] 于是，20 世纪 80 年代的"中国"是以沿海地区和城市为想象基础的，不同于 50—70 年代以内陆地区和农村为基础的"中国"想象。80 年代的"新时期文学"就是与这种具有新重心的版图相对应的文学形态，路遥和陕西文坛在 80 年代的尴尬处境，与"新时期文学"的主导者来自城市、沿海、东南地区有着密切关系。

作为这一文学地图转移的结果，20 世纪 80 年代的中国文坛是高度精英化的，当时的农村则成为文化荒地。根据 1982 年《青年研究》杂志上来自共青团中央青农部的唐铭植的一份报告，这一时期的青年农民对社会问题反应敏锐，喜欢"议论朝政"，关心世界大事。但可惜的是，农村青年的文化生活十分枯燥，很多地方"一无阵地、二无活动"，"经济条件有限，订阅报刊少，电视未普及，电影放映不多（有的地方一个月一次或一个季度一次），同时，电影、戏剧反映农村生活的题材少"，因此农村青年的文化生活十分匮乏，只能"白天拿锄头，晚上靠枕头，孤家寡人像老头，干起活来没劲头"。[62] 这简直是对《人生》中高加林在农村的生活环境的写照。而路遥也在为高加林的原型——弟弟王天乐跑关系的过程中，感慨于当时的招工政策将城乡户口区别对待，因而写下这样的信。

国家现在对农民的政策有严重的两重性，在经济上扶助，在文化上抑制（广义的文化——即精神文明）。最起码可以说顾不得关切农村户口对于目前更高文明的追求。这造成了千百万苦恼的年轻人，从长远的观点看，这构成了国家潜在的危险。这些苦恼的人，同时也是愤愤不平的人。大量有文化的人将限制在土地上，这是不平衡中的最大不平衡。如果说调整经济的目的不是最后达到逐渐消除这种不平衡，情况将会无比严重，这个状况也许在不久的将来就会显示出……(1980 年 2 月 22 日信)[63]

　　面向农民的精神文化产品的绝对缺乏，正是《平凡的世界》后来热销的外部原因。1985 年 3 月，在构思《平凡的世界》期间，在中国作家协会召开的农村题材创作研讨会上，路遥针对现代派和先锋派的风行，以 "我不相信全世界都成了澳大利亚羊"[64]来阐述自己对于现实主义的支持，其中就含有对于不同人群的考虑——农村读者，也就是 "本地羊" 也应有相应的空间，获得相应的文学养料。值得玩味的是，《平凡的世界》第一部发表于《花城》杂志时销量欠佳，而第三部与中央人民广播电台的播送同步进行，则激发了巨大反响。传播效果差距如此巨大，这与不同媒介在不同地区的普及程度差异分不开。比起文学杂志，广播已经在 20 世纪 50—70 年代的文化建设中深入更为广泛的地区。

　　这种有意对立于现代派的写作姿态，或许确实包含了一种争取更广大读者的诉求。同为陕西作家的陈忠实在构思《白鹿原》的 1986—1987 年遇到了一个问题：由于遭遇出版体制改革，出版社开始追求"出能赚钱的书",纯文学书卖不动,尤其是短篇小说和散文随笔效益最差。陈忠实因此转变写作策略,认定"唯一的出路,必须赢得文学圈子以外广阔无计的读者的阅读兴趣……此前也不是没有想到这个层面的读者群体,却确凿没有形成至关致命的心理压迫和负担"[65]。因此,陈忠实放弃了当时流行的"淡化情节"的写法,而在"可读性"的意义上选择以现实主义为《白鹿原》的基本创作方法。[66]陈忠实谈到的出版体制改革,是1984年发布的《国务院关于对期刊出版实行自负盈亏的通知》,国家不再补贴大部分出版社,要求各自"独立核算、自负盈亏"。《路遥传》中描述的一件事情,也与这次出版体制改革有关。1984年,由于征订数只有1 500册,青海人民出版社迟迟不开印《路遥小说选》。这一年年底,路遥只好找谷溪帮忙在延安寻找订户,结果谷溪偷偷自己垫钱订了剩下的3 000册。[67]这件事情在传记中被用作谷溪与路遥深厚友情的证明,却显示出路遥也遭遇了1984年出版体制改革的冲击。这一时期,路遥恰好正在构思长篇小说《走向大世界》(即后来的《平凡的世界》),出版体制改革的冲击是否对他也有所影响,让他考虑如何才能吸引更广阔的读者?

路遥的各种自述里反复出现保持"普通劳动者的感觉"之类的表述,他在茅盾文学奖颁奖致辞中也说:作家的责任"不是为自己或少数人写作,而是应该全心全意满足广大人民大众的精神需要"[68]。陈忠实所表述的市场冲击,在路遥的诸多自述中是隐而不见的,但这并不代表路遥没有受到冲击。我们其实已经无从探究路遥的"普通劳动者""人民大众"等词语到底是在"广大消费者"意义上，还是在带有阶级政治色彩的意义上进行使用。但在 20 世纪 80 年代末、90 年代初的语境中，这两个意义之间的界限并不清晰。戴锦华在写于 20 世纪 90 年代的文章中就指出，在 90 年代的中国，作为一种消费文化的"大众文化"借助了"大众"一词在中国现代史上的道义正义性（比如"人民大众""劳苦大众"），以此为自己提供合法性支持。[69] 这种混杂性一般只是语词意义上的，而在《平凡的世界》这个特例中，它却真切地指向人群的混杂。在 2012 年贺仲明组织进行的"农民工当代文学阅读状况调查"中，《平凡的世界》依然是当代文学作品中最受欢迎的。《平凡的世界》的购买主力是农民工或者出身底层的学生，他们既是《平凡的世界》的"消费大众"，又是阶级意义上的"人民大众"[70]。

路遥接受史中最吊诡的一次变迁在于：他从被 20 世纪 80 年代文学界瞧不起的"落伍作家"，最终变成了 21 世纪批评家眼中严肃文学的良心。2002 年，李建军发表了《文学写作的诸问题——为纪念路遥逝世十周年而作》，路遥在文学史上的位置开始渐渐发生变化。李建军将路遥在文学界遭受的冷遇和在大众中的受欢迎作为一个"问题"来看待，并将其树立为现实主义写作精神的象征，提醒只注重形式技法的文学界进行反思。[71] 经历了"市场"甚嚣尘上的 20 世纪 90 年代之后，路遥之所以得以回归严肃文学的谱系，源自他在两方面的特别贡献：一方面，路遥所面向的"大众"是较为底层的大众，世纪之交的中国

"阶级"视野重新归来，因而照见了路遥写作的特别之处；另一方面，"文学"在20世纪90年代被"市场"排挤所导致的边缘化，与路遥在20世纪80年代被新潮文学排挤所导致的边缘化，两者具有位置上的相似性，共同形成了某种"严肃"和"坚守"的姿态。"文学"本身的位置变化使路遥不再"另类"，反而可能具有了某种"正统"和"典范"的色彩。而路遥在1992年市场经济的先声中去世，则进一步以悲剧英雄的意味印证了这种严肃文学的位置。

路遥回归了"主流"文学的谱系，但在路遥之后的当代文学中，是否还有人为大地上的农民思考一条上升的道路？路遥在网络文学界大受欢迎，《平凡的世界》被称为"唯一一部对网络文学有影响的新时期经典"。创作了玄幻武侠小说《间客》的著名网络作家猫腻，甚至将《平凡的世界》称为他看过的最好的"YY（意淫）小说"。[72] 人们只记得孙少平、孙兰香兄妹与高官子弟的恋爱故事，却忘记了路遥始终在强调他们在困境中的脚踏实地和精神砥砺。修仙和玄幻是网络文学里最流行的文类，更成为《平凡的世界》之后的时代里底层青年关于"文学"的新经验。在这样的背景下，原本的现实主义作品《平凡的世界》恐怕也就成了一个平民子弟修仙飞升的白日梦。既然是"意淫"和"梦"，也就意味着对于农村青年上升可能性的彻底否认。它们是在幻象中凌空蹈虚的"飞岛"，却不是《平凡的世界》里展现出真切可能的"上升的大地"。

第四章

走出乡愁
乌托邦

梁庄的人，将与泥土、植物、原野再无关系，他们将进入高楼，变为大地的寄居者。梁庄也将变为一个陌生人社会，将对面不相识，将永远被困在高楼。是这样吗？想到这些时，疼痛慢慢淹没我的整个身心。

——梁鸿《出梁庄记》

　　好些年了，我比一片羽毛更飘荡／从大凉山到嘉兴，我在羽绒服厂填着鸭毛／我被唤作"鸭头"时，遗失了那部《指路经》。

——吉克阿优《迟到》

　　水娃始终会牢记母亲行星上的一个叫中国的国度，牢记那个国度西部一片干旱土地上的一个小村庄，牢记村前的那条小路，他就是从那里启程的。

——刘慈欣《中国太阳》

从"在地"到"离土"

"大地"的形象演化为"乡愁",是中国人离土地渐行渐远的结果。20世纪30年代的知识人,如范长江、陈学昭、斯诺,之所以能重新发现"大地"上的精神和价值,根本前提在于他们在战时大环境下从沿海向内陆、从城市向乡村的转移。这种转移先后由抗日战争、三线建设、上山下乡不断推动,持续了一个甲子。到20世纪90年代,不仅曾经"下到"乡村的知识青年已经回到城市,连原本居住在"土地"上的乡村人也通过高考、进城务工源源不断地走进城市。当他们在城市安营扎寨,对于"大地"的视点也就从"在地"变成了"离土"。进而,"大地"在当代叙事中的形象就定格为回不去的"远方"和永远的"乡愁"。

对于那些通过高考而在城市永久居留下来的人们而言,"乡愁"是关联着童年记忆的乌托邦,是他们被城市生活折磨的心灵可以停放的港湾。正如博伊姆在《怀旧的未来》中所言:"在旧日里,人人都年轻,那是在巨变之前。"[1]他们希望在乡村找到

"巨变之前"的美好回忆，但这种愿望终遭落空。近年来涌现出的知识分子"还乡日记"，如梁鸿的"梁庄"系列、黄灯的《一个农村儿媳眼中的乡村图景》、王磊光的"回乡笔记"，大多遵循着这一思路展开。他们以绝对真诚的态度哀悼乡村美好人情的消逝，愤恨于现代性暴力对于乡村的摧毁。他们大多以与自己血脉相连的亲人在乡村现代化进程中的浮沉为写作对象，这样的叙事在任何有良知的读者那里都足以引发震动。另一类型的还乡书写则在"乡愁"之外表达了年青一代的"乡怨"，具体表现为每年春节前夕必定风靡网络的"吐槽七大姑八大姨"系列和2017年初爆火的上海彩虹室内合唱团神曲《春节自救指南》。在这些文化文本中，家乡庸俗不堪、缺乏理想，是一个备受年轻人"怨恨"的形象。年轻人渴望融入大都市的生活，全盘接受了现代生活的价值观，却又不得不接受来自家乡土地的束缚。他们并非真的怨恨家乡，其"乡怨"是因理想中"家"的温馨形象已遭变异而诞生，其实是"乡愁"的一种变体。

对于那些以"打工"的方式来到城市的人们而言，"乡愁"则在另一种意义上成为"乌托邦"。打工者为了生计而不得不离开乡村土地上的"家"，城市里却没有他们的立锥之地——"回不去的故乡，留不下的城市"。因此，这一人群对于"乡愁"的书写其实包含着一种对于"家"的呼唤。近年来，无论是"打工音乐""打工春晚"还是"打工诗歌"，都引发了广泛的社会关注。这一现象不能仅仅用"同情"来解释。应该看到的是，打工者对漂泊感的表达和在城市安身立命的诉求不是为他们所独有，而是同样被大学生、年轻白领等其他的城市漂泊者分享，进而有可能实现不同人群和阶层之间的联合，形成积极的社会变革力量。

从近年来流行的这两种关于"大地"的叙事中，足见"乡愁"这一命题之震撼人心的力量。然而，"乡愁"蕴含着一种危险：它期待乡村保持那亘古不变的宁静形象，从而拒绝对其做出任何改变。因而，"乡愁"常常成为一种消极的、保守的情感。列文森曾在《儒教中国及其现代命运》中提出，中国在近代转型中存在着一种"历史与价值"的悖论：中国人在现代化过程中一面在理智上认可西方的价值，另一面在情感上却无法舍弃自我的历史。这一悖论同样显现在当代中国人对于"大地"的态度上。当代的乡愁书写之所以如此牵动人心，正因为乡村和大地一面被当下的价值准则排斥，另一面却依然是人们的情感所系。在这个时代，是否还能找到一些能为乡村和大地赋予积极远景的故事？或许，某些科幻故事给出了这种可能性。

"乡愁"与"乡怨"：两种"返乡"写作

2010 年，学者梁鸿出版了"非虚构"作品《中国在梁庄》。这本书的写作动机源自她对自己学院内"虚构的生活"产生怀疑，于是她带着一种寻找"真正的生活"、"能够体现人的本质意义的生活"和"最广阔的现实"的愿望返回自己在河南穰县梁庄的故乡，希望以一种整体性的眼光探问乡村现状和它在当代社会变迁中的位置。[2] 2013 年，她又出版了一部讲述梁庄"进城农民"

的作品《出梁庄记》。这本书与另外两部纪实作品——美籍华人记者张彤禾的《打工女孩》、新疆女诗人丁燕"卧底"东莞工厂写出的《工厂女孩》，同在 2013 年出版，让"进城农民"成为当年的热门话题。梁鸿回到自己的农村家乡，以她的家人和乡亲的故事为主线，写作有关当代农民命运的"返乡日记"，这一行为迅速得到呼应。2015 年春节期间，当时就读于上海大学文化研究系的博士生王磊光写作的《一位博士生的返乡笔记》成为微信朋友圈和微博等社交媒体的热门文章。2016 年春节前夕，广东金融学院财经传媒系教师黄灯写作的《一个农村儿媳眼中的乡村图景》再次引发了人们的热烈讨论。这样的写作，或许与中国人文学科正在经历着的"社会史视野"转型息息相关。这些学院内的作者尝试在传统的散文写作中加入社会学的视角，从他们身边亲友的故事中讨论中国农村在现代化和城市化中的命运，既有真情实感，又有学理分析，因而都成为一时流行的文本。

《出梁庄记》描绘了一幅乡土秩序与离乡者共同凋敝的图景。梁鸿以一种现实主义态度勾画出打工者的生存状态，虽然她写了西安、南阳、内蒙古、北京、郑州、深圳、青岛等不同城市的进城农民生活，但这些人的命运似乎是一致的：一方面他们居住在生活条件恶劣的城中村，遭遇欺骗、工伤、排外、羞辱，始终无法融入城市生活；另一方面，他们也对致富怀有不切实际的渴望，参与打架、造假和传销，并积极加入城乡对立的话语生产之中——"城里人好骗"。作者从农村走出，却已适应城市生活，这使她陷入一种身份的两难：同为梁庄的进城者，她与这些农民工有着基于血缘和地缘的亲密性，但城中村、电镀厂等环境，以及农民工为在这些环境中生存所采取的生活习惯和情感态度，也让已经习惯于当"城里人"的作者产生种种不适感。

梁鸿使用"乡愁"来统摄和克服这些矛盾的情感。她在《出梁庄记》的后记中引用帕慕克的"呼愁"，将自己对梁庄的情绪定义为现代化过程中人人都有的忧伤。[3] 对中国人而言，乡土是必须背负的命运，它的别无选择性让《出梁庄记》显得格外动人。事实上，这也是当下类似作品在处理城乡问题时所共同借助的手段。张彤禾在《打工女孩》中将"背井离乡"作为自己与打工妹们的认同基点。在徐则臣的"北漂小说"系列中，他也是通过在异乡的无家可归感，把卖假证者、卖盗版碟者、大学生、诗人等北京的"异乡人"联系在一起。"乡愁"具有沟通不同人群的"公约数"性质，当作者将走出梁庄的打工者生活以一种"现代性乡愁"的形态呈现出来，不同身份的读者就都能在《出梁庄记》中找到哀伤而感人的力量。

然而，这又是一种稍显简单的态度，它把城乡在空间上发展不均衡的事实变成了时间上对古老乡村的怀念。《出梁庄记》中的农民工有缺点，但他们代表着故乡，他们的缺点更展现出作为美好理想的乡土风景、人伦秩序已经消逝，从而在使"乡愁"更为浓郁的同时，也造成了对农民工现状的潜在批判。乡愁反过来确认了怀乡者处于现代进步时间之中，而农民工则成为闯入现代空间的他者。书中屡屡可见作者对梁庄人的"国民性"批判：她认为梁庄人对自己亲人在外的状况漠不关心、逆来顺受，认为城市把那些和善、羞涩、质朴的乡亲改变成不讲规矩的打架者，等等。她把梁庄"算命仙儿"贤义姊妹们的麻木归结为"这一切或许与农民身份无关，而与人的自我意识和社会意识的狭窄有关"，反而在贤义那儿发现了与"遥远的过去和历史的信息"相连的安静、超脱的性质和"开放性、光明性"。此时的她已经快要陷入"东方主义"的危险边缘：认为乡村必须是宁静、神秘的世外桃源，乡村人必须淳朴、多情，否则就是自甘堕落，不值得人们对其有所关注或同情。在《出梁庄记》的后记中，面对正在开展的新型农村社区建设，梁鸿担忧梁庄的人将离开泥土和原野，被困在高楼，进入"陌生人社会"，因而感到"疼痛慢慢淹没我的整个身心"。[4] 这同样不免让人感到一种"东方主义"：引发伤感的既是农村的现实，也是身为"城市人"的作者那碎裂的田园故土梦。

在《中国在梁庄》和《出梁庄记》中，梁鸿对当代农村在市场经济刺激下的道德衰败和情感离析表达了深深的忧虑。同样，在王磊光的返乡笔记中，他也感叹当前农村亲情关系的淡漠和人与人之间的"原子化"状态。在黄灯笔下的乡村图景中，"乡风乡俗的凋零"也是她所批判的对象。然而，对于这一问题，另一位学者刘大先在对顾玉玲的《回家》所写的书评中给出的答案或许更近人情。同为"非虚构"作品的《回家》，写的不是中国农民工，而是从台湾返乡的越南移民劳工，但一样涉及劳工流动中伦理格局和情感模式发生变迁的问题。刘大先对此写道：

情感在移动中发生变革，倒未必是被金权异化，而是对于这些人来说，情感过于奢侈——它原本在艰难人生中也不过是一个组成部分，而不是全部，更因为生活的重压而空间被压缩到最小。[5]

那一幅民风淳朴、道德醇厚的乡村图景原本就出自我们的想象。无论是沈从文的湘西，还是汪曾祺的江南，都是作家对城市中的诸种"现代"病症有所不满，从而有意构想出的一个理想国度。人们时常将费孝通的"乡土中国"与当下中国乡村社会进行对照，以此说明传统的社会结构被毁坏。然而，费孝通自己也曾声明，"乡土中国"只是他的一个 ideal type（理想类型），一个从"具体事物"中提炼出来、还需要回到"具体事物"中不断核实的"观念中的类型"。[6]乡村的道德状况并非时至今日才遭堕落，真实的乡村生活中从古至今都存在虐待双亲、卖儿鬻女、抛妻弃子等情况，这些情况也并不唯独发生在乡村。若说道德堕落，难道今日中国都市的道德状况会比农村好？"传统的消逝"是当代中国社会的普遍状况，只不过人们将乡村视为"传统"的化身，才会对其中"传统的消逝"更为敏感，甚至产生苛责。

只有抛弃这种"乡愁"的视角，才能将中国农村社会的变迁不是看成"伤逝"，而是看成可能的机遇。梁鸿、王磊光和黄灯在谈到农村风俗堕落时，最为忧心的问题之一是农村老人的赡养问题。所谓的"留守老人"，也是当下新闻报道中最容易引发批判的话题。这样的忧心是人道主义的，然而，在有着多年农村实地调研经验的社会学者贺雪峰看来，"留守老人"反而反映了一种新型的"老人农业"模式的兴起。贺雪峰提出了一种"以代际分工为基础的半工半耕"结构，即在由年轻农民进城务工获得务工收入之外，由年老父母在家种田，保持原有的农业收入。中老年农村人口很难在城市找到工作，但是，当前农机、农技、农艺的发展使他们完全具备在土地上耕作的能力。这样的"老人农业"是半生产半休闲性质的，不仅具有经济效益，而且有利于农村老年人保持人生趣味，参与人情往来。这并没有人们想象中那么悲惨，反而提供了一种有意义的生活方式。[7]也就是说，农村出现的新型伦理形态实际上是与农村生产方式的变迁相配套的。人文学者因农村风俗的变迁而感叹农村的衰败，却选择性忽视了农村在现代生活之"变"中诞生的诸种活力。他们的"乡愁"是真实感人的，却受缚于一种关于农村的道德化视野，因而削弱了对于农村真实情况的把握能力。

在"乡愁"之外，另一种流行于都市的乡村叙述是"乡怨"。"乡怨"的出现同样与"返乡"这一行为有关，其写作者同样是那些从外地进入大城市并接受高等教育的年轻人。当他们在春节这样的日子"返乡"之时，一种或可名为"乡怨"的情绪便会集中爆发。

在曾经的流行文化里，"过年回家"是充满喜庆的。20世纪80年代有朱明瑛在1984年春晚上唱红的《回娘家》："左手一只鸡，右手一只鸭，身上还背着个胖娃娃。"90年代后期起最火的是陈红唱的《常回家看看》："妈妈准备了一些唠叨，爸爸张罗了一桌好饭，生活的烦恼跟妈妈说说，工作的事情向爸爸谈谈。"在这些耳熟能详的文本中，回家充满辛苦，家中不乏唠叨，但它们始终是甜蜜的负担。而如今的春节，"吐槽亲戚"几乎成为年年必备的流行文化。在 2017 年春节前夕，先是有上海彩虹室内合唱团的《春节自救指南》刷爆朋友圈。这首歌涉及父母逼婚、亲戚"围堵"、攀比与唠叨等内容，引发年轻人的广泛共鸣。紧接着，以吐槽成名的网红 papi 酱也发布了小视频"致某些令人讨厌的亲戚"。继 2016 年春节前夕的"希望法律禁止所有讨人厌的亲戚过春节"之后，这是她第二次在春节前夕推出吐槽奇葩亲戚的小视频。种种"防亲戚"指南，一出必成爆款。与"亲戚"联系着的，是那个被视为充满人伦之美的"乡土中国"，但当代年轻人似乎更愿意成为"都市"中的原子化个体。从这些文化新现象可以看出，某种或可被命名为"乡怨"的情绪正在春节从大城市返乡的年轻人身上蔓延。

平心而论，家乡亲戚的无尽追问确实是令人厌倦的。工资多少、职务高低、结婚与否、房子大小……这些功利性的问题和露骨的攀比破坏了关于"家"的温馨想象：温情脉脉的人际关系、不分彼此的互相扶持、无条件的接纳与包容。但这些问题并非仅仅存在于"家乡亲戚"的世界，生活于大都市的年轻人每天同样在进行着类似的自我拷问。只需随便逛逛北京大学、清华大学的校园论坛，就会发现每日热门话题中也充斥着类似的问题：从要不要出国，到去工资高、没户口的私企还是工资低、有户口的国企，从要不要和家境好但是自己不爱的人结婚，到如何通过房产证上名字的增减维护个人利益……为什么这些问题一从"家乡亲戚"口中说出,就显得如此势利、短浅、面目可憎?

"乡怨"的普遍流行,并不是寒门贵子一朝发达就嫌贫爱富的故事。《春节自救指南》中代表着负面形象的"隔壁老王"是一名有13辆路虎、刚进行过A轮融资的成功人士,papi酱也从未将穷亲戚列为自己讨厌的人群。被强烈吐槽的亲戚大都事业小成、家境殷实,是改革开放以来乘着东风兴起的所谓"小城新富""小城中产"。他们凭借在家乡累积的金钱和人脉基础,再加上作为长辈的权威身份,足以在从大都市返乡的年轻人面前指点江山。被教训的年轻人经济实力尚薄弱,又作为晚辈,无法理直气壮地当面反击,只好将自己的情绪在种种吐槽视频、吐槽文章中发泄出来。

年轻人掌握的网络技术,以及在接受高等教育的过程中接受的"现代"价值观,是他们反击父辈的武器。因此,在微信、微博等新媒体上发布短视频就成了年轻人发泄"乡怨"的主要方式,这是父辈力所莫及而年轻人可以大展身手的地方。这些吐槽作品的立场,也是绝对"现代"、绝对符合当下政治正确的:性别平等、自由恋爱、尊重个人空间。与此相对应,家乡则被呈现为过分"传统"的:性别偏见、"逼婚"、肆无忌惮打听隐私的"熟人社会"。在papi酱的"致某些令人讨厌的亲戚"中,听"喊麦"和唱《好汉歌》成为"讨厌亲戚"的身份符号。在都市流行文化的阶梯上,这是某种"低级"趣味的象征。家乡的情况是否真的如此并不重要,重要的是在观看视频、进行吐槽狂欢之后,在经济实力上落败的年轻人终于在精神上、在文化品位上彻底战胜了"庸俗"的"小城中产"。

　　小城镇曾被视为中国经济的特色和活力所在，在费孝通等人的设想中，中国小城镇的发展能转移农村剩余劳动力，激发民间活力，促进城乡一体化，避免以往城市化道路中对于农村的抽空。理想中的小城镇既具有与大城市类似的生活设施和福利保障，又保留了乡土社会较为悠闲的生活节奏和温馨的人际关系，是最宜居的地方。如果说，中国传统的故事模式是寒门贵子一朝发达就嫌贫爱富、六亲不认，那么，在当前流行的亲戚大吐槽中，我们看到的却是进入都市的年轻人在强势的亲戚面前抬不起头。这不是 20 世纪 80 年代的代表性作品——路遥的《人生》中的故事：回到故乡的高加林虽能从德顺老汉那里得到某种感人肺腑的道德教诲，但除了耕种贫瘠的土地之外别无选择。而《春节自救指南》中的二叔满可以对回乡年轻人拍拍胸脯："一个月工资有多少，到我单位工作要不要？""小城中产"拥有这样的底气，正是中国小城近年来发展状况良好的一个缩影。这群人本可以成为那些进入大都市打拼的年轻人的后方支援，却以"烦人亲戚"这样的负面形象出现在大众文化的视野中。"小城中产"恰好是"德顺老汉"的反面：他们可以为下一代提供雄厚的经济支持，却再也无法带来任何精神上的滋养。联想到近年来支撑着节节攀升的北、上、广房价的购房模式是普遍流行的"4+2"（一对夫妻加上双方在小城的父母一起供房），甚至是"六个钱包"（指夫妻双方的父母、爷爷奶奶、外公外婆），我们会看到小城市、小城镇之于北、上、广的彻底落败——前者不仅在经济资本上为后者输血，在文化等级上也是远远不及后者的。

这些关于"过年回家"的集体吐槽，是"小城中产的孩子们"[8]在受过高等教育、皈依大都市生活之后返身与父辈之间的斗争。一方面，这是两代人之间家庭观念的差异。在传统的大家族观念中，姑姨叔舅过问年青一代的学习和生活状况是理所应当的。而年青一代持有的家庭观念是由夫、妻、子女组成的核心家庭模式，"七大姑八大姨"是根本沾不上边的无关人等。那些只有在过年才回家的年轻人无法与这些长时期见不着面的亲戚产生同处一个"家"的认同，也就找不到与他们团聚的意义，更无法把他们的嘘寒问暖和打听近况视为真正的"关心"。这本是两代人之间虽无奈但属自然的"代沟"。另一方面，这也是年轻人用已经习惯的都市生活方式对故乡的生活方式所进行的否定。在新一代的价值体系中存在着一种理想生活样板：进新兴企业工作而非考公务员，喝外国牛奶、吃进口维生素片而非家乡的传统饮食，做"丁克"而非生"二胎"，年底出国旅游而非回家过年……这本是并无高下之分的两种选择，却被贴上"现代"与"传统"、"世界化"与"地方性"的标签，进而转化为一种"先进"与"落后"的价值等级。对年青一代而言，"过年回家"就是从无限与世界接轨的大都市回到落后于现代世界的地方小城。亲戚的不断追问自然有讨厌之处，却也提供了大都市生活方式之外的另一种对照视角，或许其中不无道理。然而，在年轻人全盘接受了这一套"现代"价值体系之后，他们回家时遭遇的所有不适就再也无法导向自我反省，而是被轻易地归纳进"先进"与"落后"的理解框架。当两代人的"代沟"被转化为价值上的高下，代与代之间的理解就变得更为不可能。说到底，这依然是传统的中国"大地"失去了现代性的问题。

中国古代的读书人重视出身，即使通过科举进入京城或在他处做官，也始终保有地方的文化传统。而如今进入大都市的年轻人，无论来自何方，几乎都接受着同一种以现代化和都市化为导向的文化教育。一旦谈及传统、家族，就有被视为小地方习气脱落未尽的危险。我们无法再指望从小城走向大都市的人们能为自己出身的社群代言，"小城"也就无法在流行文化中获得正面的形象。这样看来，受过高等教育的年轻人对于"七大姑八大姨"的吐槽和学院知识分子的返乡笔记，其实是同一种文化心理的衍生品。前者是抱怨小城比大都市闭塞保守的"乡怨"，后者是感叹农村美好人伦关系被金钱社会玷污的"乡愁"。它们都无法在当下中国找到除"城市"之外的另一种正面生活价值的存在。

充满"乡怨"的知识青年凭借着在大都市学来的中产阶层价值观反击父辈，但他们自己尚未成为真正的中产阶层，否则就不会在亲戚的提问前无地自容。他们的真正身份，是全球化资本主义时代的"都市新穷人"。这群年轻人大多受过高等教育，活跃于新兴媒体，操纵着当下的文化话语。他们大多怀抱着上升的梦想，却陷落于消费社会创出的过多欲望，臣服于虚拟经济和金融资本支配下水涨船高的中国房市。借用汪晖的话说："他们是不满的源泉，却未能展开新的政治想象；他们在消费不足中幻灭，却不断地再生产着与消费社会相互匹配的行动逻辑。"⁹同为都市知识青年的文化产品，"乡怨"和"乡愁"构成了同一种社会进程的一体二面。"乡怨"折射出他们的不满，而"乡愁"则映照出对新价值寻而不得的虚空。

"乡愁"也好，"乡怨"也好，都诞生于"返乡"这一行为之中。正如梁鸿在《中国在梁庄》的前言中所表述的，"返乡"这个动作诞生自她对于学院内"虚构的生活"产生怀疑，进而希望在乡村寻找一种"真正的生活"。这是一种卢梭式的动机。卢梭基于对现代人生活的不满，热情歌颂前现代的野蛮人，其目的正在于批判现代生活的败坏。然而，这种生活在"自然状态"中的野蛮人并非真实存在的，而是卢梭有意制造的与现代社会相对立的虚构物。梁鸿希望在梁庄找到的"真正的生活"，也未尝不是一种虚构。所谓"真正的生活"，不过是作者不满于学院内和都市中的生活所虚构出来的对立面——一个理想世界。这种理想中的、虚构出来的"真正的生活"终于在现实的梁庄中落空，"乡愁"于是诞生，虚构也就成了"非虚构"¹⁰。同样，年轻人在春节返乡前爆发的"乡怨"，也因他们将乡土生活放置在城市生活的对立面，并对后者所代表的现代价值观深信不疑。对于"乡愁"和"乡怨"的书写者而言，乡村始终在与城市的对照中显现，因而无法避免地沦为城市及其所象征着的"现代"的异类。这样的乡村就只能呈现为一片沉沦的大地。

诗可以"怨",亦可以"群"

知识分子在书写着"返乡",农民工则在讲述着"进城"。近年来,一部以"打工诗歌"为主题、以多位"打工诗人"为采访对象的纪录片《我的诗篇》(由吴飞跃、秦晓宇执导),以独特的题材和特殊的放映模式引发了较为持久且广泛的讨论。电影从2015年开始在全国200多座城市先后举行1 000场"众筹"放映,最终于2017年1月13日得以进入院线公映。与之配套的,还有秦晓宇主编的诗集《我的诗篇——当代工人诗典》(作家出版社2015年8月版)和"工人诗歌云端朗诵会"等。"诗"这一被视为人类灵魂高级活动的产物与"打工者""农民工"这一在大众媒介中往往以粗粝面貌出现的人群相结合,其中所产生的概念摩擦与情感碰撞,大概是观影群体最感兴趣之处。

诗可以"怨",是《我的诗篇》给观众留下的最直观感受。富士康工厂里的"打工诗人"许立志自杀这一事件出现在影片的开头和结尾。许立志之死发生在著名的"富士康十三连跳"之后,共同构成了对流水线工厂之野蛮属性的有力批判,而许立志的诗人身份更强化了这一批判力度。纪录片中关于另外两位"打工诗人"陈年喜和老井的段落同样充斥着死亡的阴影,陈年喜的父母都重病在身,老井的工友死于矿井事故。在中国传统中,诗歌一直被视为个体用以抒情言志的文体,影片中许立志、陈年喜和老井等人的诗作亦是如此。而当这种诗歌笼罩在"富士康十三连跳"和矿井事故的死亡阴影之下,抒发个体之"怨"的"打工诗歌"自然形成了表达社会批判之"怨"的艺术效果。

但在影片的另一些段落中，诗人个体之"怨"与打工者集体之"怨"则无法如此顺畅地组合在一起。在失业的叉车司机兼诗人乌鸟鸟求职的段落中，影片叙事出现了第一处明显的裂隙。在人才市场，乌鸟鸟怀揣自己的诗集求职，他朗诵的诗歌中"丛林""露水""月光""母袋鼠"等象征着自然和浪漫的词汇，与墙上张贴的种种关于现代技术的招聘要求形成了鲜明对照。当他遇上一位穿着对襟褂（看似"有文化"）的招聘者时，他们之间发生了一场颇具荒诞主义色彩的对话。招聘者对乌鸟鸟的诗歌不感兴趣，表示自己不懂诗歌，"没有这个文化"。但紧接着，他立刻开始教育乌鸟鸟："没有文化就做不了生意，马云有文化。"在这里，招聘者和乌鸟鸟的"文化"理念产生了巨大的分裂。乌鸟鸟会写诗，但他代表的这种"文化"对于工厂生活而言毫无用处，只有马云所代表的另一种资本主义逻辑的"文化"才是为工厂里的大多数人所分享的。同样的分裂发生在乌鸟鸟与下一个女招聘者的对话中。女招聘者问乌鸟鸟："大部分人看到的都是光明，你怎么看到的总是黑暗？"乌鸟鸟则以"美好的东西很多人在写，与众不同才有价值"作答。作为诗人的乌鸟鸟与工厂里"大部分人"之间的分裂在这里再度彰显。然而，当乌鸟鸟面对此种分裂之时，他的回答似乎重新堕入了"物以稀为贵"的商品逻辑之中。打工诗人的"文化"和大多数打工者的"文化"之间的关系似乎是模糊难辨的：一方面，二者存在着极大的差异；另一方面，"打工诗歌"常会不自觉地再次为其批判的逻辑所陷。那么，"打工诗歌"

是否能像理想中那样为打工者代言，也就成为存疑的问题。

"代言"的暧昧性在电影开头的一段旁白中体现得最为集中。

> 沿线站着 / 吉克阿优 / 陈年喜 / 邬霞 / 老井 / 许立志 / 郭金牛 / 池沫树 / 这些不分昼夜的打工者 / 整装待发 / 静候军令 / 只一响铃功夫 / 悉数回到秦朝

在这段旁白之前，字幕提示我们，这是许立志的诗作《流水线上的兵马俑》。在围绕着《我的诗篇》和"打工诗歌"的广泛讨论中，许立志的这首简单有力并以"兵马俑"一词表达明确批判意味的诗作，几乎是出现频率最高的作品。然而，如果我们打开在许立志身后众筹出版的诗集《新的一天》，会发现电影悄悄改动了许立志的原作。《流水线上的兵马俑》原作如下：

> 沿线站着 / 夏丘 / 张子凤 / 肖朋 / 李孝定 / 唐秀猛 / 雷兰娇 / 许立志 / 朱正武 / 潘霞 / 苒雪梅 / 这些不分昼夜的打工者 / 穿戴好 / 静电衣 / 静电帽 / 静电鞋 / 静电手套 / 静电环 / 整装待发 / 静候军令 / 只一响铃功夫 / 悉数回到秦朝[11]

诗歌中打工者的名字在影片里被替换为"打工诗人"。如果说在原版诗作中，许立志与流水线上的工友并肩站在一起，并存心要为这些默默无闻的打工者刻碑留名的话，那么影片中的改动则让许立志、吉克阿优、陈年喜、郭金牛等"打工诗人"取代普通工友，成为流水线上打工者的代表。影片不仅将"夏丘"和"张子凤"等普通打工者的名字置换成了小有名气的"打工诗人"——打工者中的"文化精英"的名字，而且抹除了他们穿戴静电衣、静电帽、静电鞋、静电手套、静电环的劳动准备过程。这似乎道出一种表述上的困境——已有不少"打工诗人"脱离一线劳动生产：郭金牛已是深圳市龙华办事处房屋租赁管理所的一名职员，池沫树成立的文学工作室入选了东莞厚街文化名家工作室，而最早的"打工诗人"之一郑小琼更已成为著名文学期刊《作品》杂志社的副社长。如果再写他们穿戴着工衣、工帽，则已经有些偏离实际。

《我的诗篇》的英文译名是"The Verse of Us"，在"我"与"我们"（us）之间，一种个体与集体的断裂于焉发生。纪录片《我的诗篇》由分别以吉克阿优、乌鸟鸟、陈年喜、老井、邬霞和许立志为主角的几个片段构成。但在这些片段中，除了叙事者的独白、"打工诗人"的自述和对"打工诗人"家人的访谈之外，几乎没有任何一位他们之外的普通打工者发出声音。"打工诗人"构成了电影的绝对主角，而电影的叙事目的则是希望将"工人"的神圣名号赋予"打工诗人"，将这少数人的诗作上升到为一切打工者代言的高度。阿甘本曾区分"大写的人民"和"小写的人民"。"大写的人民"是总体性的存在，是需要在政治场合被召唤和援引的神圣名字。而"小写的人民"则是真实存在着的、贫困的、充满多样性的碎片化存在。[12] 借用这一说法，在《我的诗篇》中，"打工诗人"所占据的正是"大写"的工人之名，而当他们借助这部电影得以彰显之时，作为芸芸众生的"小写"的普通工人则有着隐没不见的危险。

在诗集《我的诗篇——当代工人诗典》中，当代打工诗人的作品被与 20 世纪 50—70 年代国有大厂中的工人们的作品放置在同一个"工人诗歌"的名号之下。秦晓宇在序言中提出，"工人诗歌"具有为底层立言的意义，具有历史证词的价值，具有启蒙价值和文学价值，并表示："当一首首'我的诗篇'汇总成编，整体既构成一部以工人视角书写的关于当代中国转型的社会史诗，同时亦可视为中国工人阶级的生活史诗与精神史诗。"[13] 从这一判断来看，纪录片《我的诗篇》显然希望将"工人诗歌"或"打工诗歌"定位为集体性的"史诗"。然而，这些诗歌的实际形态更多地呈现为个体化的"抒情诗"：在内容上，"打工诗歌"并非以劳动生活作为唯一内容，而是有着大量关于乡愁与亲情、爱情的抒情内容；在所处环境上，"打工诗人"在影片中呈现为不被周围工友和家人理解的孤独个体。为了完成从"抒情诗"向"史诗"飞跃的任务，影片选择的方式是让"打工诗人"向"新工人"靠拢：《我的诗篇》开始于"新工人剧场"里的诗歌朗诵会，并且在每一位打工诗人的段落末尾，影片都安排了他们在"新工人剧场"读诗的环节。在这样的段落中，"我"变成了"我们"，作为孤独个体的"打工诗人"变成了享有崇高名号的"新工人"。

然而，"打工诗人"固有的个体抒情方式往往与"新工人"所预设的集体性立场相冲突，影片因此不得不对"打工诗人"的形象做出某些修改。这一点鲜明地体现在影片中打工女诗人邬霞

的段落中。邬霞是一位爱美的女诗人，尤其爱穿吊带裙，但白
天在工厂上班时只能穿统一的工作服，这是以象征着自我本真的
"打工诗歌"控诉流水线工厂之异化劳动的极好题材。因此，影
片浓墨重彩地渲染了邬霞的吊带裙情结：邬霞会在凌晨众人熟睡
后偷偷去洗手间换上心爱的吊带裙，以洗手间的窗户当镜子，穿
着吊带裙在"镜子"前旋转。邬霞这一对镜自赏的形象，正符合
现代派诗学理念中的经典原型："纳蕤思"——唯美而自恋、临
水自鉴的水仙花神。现代派诗人用这一"纳蕤思"神话来表达一
种沉浸于自我认知的诗学追求。[14]"纳蕤思"向内观照，因而独
立于外部世界，但这就与《我的诗篇》希望为"打工诗人"注入
的"集体代言"品质发生了冲突。邬霞的代表作《吊带裙》充满
了对美妙爱情的想象和体物入微的细节，让人难以找到某种"史
诗品质"。更重要的是，《吊带裙》以对于想象中的顾客的亲切呼
唤——"陌生的姑娘，我爱你"作结，缺乏在许立志和陈年喜那
里能轻易找到的阶级批判意识。这种个人化的诗歌，显然与理想
中的"打工诗歌"相距甚远。

　　于是，在邬霞于"新工人剧场"朗诵诗歌的段落中，电影几
乎强行修改了前面片段中那个有些"小清新"的女诗人形象。首
先，邬霞并未像此前片段中那样略施粉黛，身着吊带裙，而是素
面朝天，穿着宽大的劳动制服登场，这让她更贴近典型的劳苦工
人形象。更令人尴尬的是，邬霞成了《我的诗篇》中唯一一位没
有在"新工人剧场"朗诵自己诗作的打工诗人。她朗诵的是：

我们来自村、屯、坳、组　我们聪明的

笨拙的　我们胆怯的　懦弱的……

如今　我们跪着　对面是高大明亮的门窗

黑色制服的保安　锃亮的车辆

我们跪在地下通道　举着一块硬纸牌

上面笨拙地写着"还我们血汗钱"

　　然后，镜头切换为北京地下通道里讨薪农民工的集体呐喊：
"我们毫无惧色地跪着。"继而，镜头切回"新工人剧场"，邬霞
再次重复了这句话："我们毫无惧色地跪着。"至此，电影成功地
将邬霞放置在为打工者"代言"的位置之上。然而，这首诗并非
邬霞的作品，而是改编自另一位打工女诗人郑小琼的《跪着的讨
薪者》中的相关段落。郑小琼的原作如下：

她们来自村、屯、坳、组　她们聪明的

笨拙的　她们胆怯的　懦弱的……

如今　她们跪着　对面是高大明亮的玻璃门窗

黑色制服的保安　锃亮的车辆　绿色的年桔

金灿灿的厂名招牌在阳光下散发着光亮

她们跪在厂门口　举着一块硬纸牌

上面笨拙地写着"给我血汗钱"

她们四个毫无惧色地跪在工厂门口

她们周围是一群观众　数天前　她们是老乡

> 工友　朋友　或者上下工位的同事
>
> 她们面无表情地看着四个跪下的女工
>
> ……
>
> 她们面无表情地走进厂房
>
> 她们深深的不幸让我悲伤或者沮丧 [15]

郑小琼的原作中充满了疏离感。"我"只是讨薪者附近的观看者，讨薪者的工友也并未和她们并肩战斗，而是在冷漠旁观之后与资本家妥协，"面无表情地走进厂房"。相比之下，《我的诗篇》中的版本则改"她们"为"我们"，从而取消了原作中"我"、"讨薪者"与"工友"之间的疏离关系，让打工诗人邬霞与地下通道里跪着的讨薪者在电影中结成了共同体。如果说，电影中乌鸟鸟的求职遭遇暴露了打工诗人与普通打工者在"文化"上的分裂，那么，让写作抒情诗的邬霞朗诵更具有"阶级意识"的"工人诗歌"，则展现出电影在弥合"打工诗人"群体中丰富的个体性差异的无力感。"打工诗人"的个体之"怨"无法与其他打工者之"怨"融为一个集体，甚至在这一群体内部充满分裂。

不过，《我的诗篇》虽然在弥合"抒情诗人"之"小我"与"工人"之"大我"上不无龃龉之处，但在另一些地方，它也呈现出打工诗人化"小我"为"大我"的可能性。

《我的诗篇》中出现的第一首诗是乌鸟鸟的《大雪压境狂想曲》。

　　天上的造雪工厂。机械的

　　流水线天使，昼夜站在噪音和白炽灯光中

　　麻木地制造着美丽的雪花

　　超负荷的劳作，致使她们吐起了白沫

　　机器昼夜轰鸣。超负荷的运转

　　致使它们失控了。泄漏的雪花

　　成吨成吨地飘落。

　　我的祖国顷时惟余莽莽。

　　一句"惟余莽莽"，立刻为观众勾连起熟悉的诗句："望长城内外，惟余莽莽。大河上下，顿失滔滔。"在经典马克思主义理论中，流水线生产将工人的劳动拆解为抽象的局部劳动，使其将自己客体化，丧失了把握整体性的可能。[16] 但在《大雪压境狂想曲》中，乌鸟鸟展现出一种关怀着他者、远方和"我的祖国"的视野。这一视野甚至与《沁园春·雪》中政治家的整体性视野有了贴合之处。《我的诗篇》全片大部分都充满了压抑的情调，每当电影需要将氛围调剂得稍为轻松乐观之时，就会响起"新工人艺术团"创始人许多演唱的歌曲《生活就是一场战斗》。影片中直接出现了其中的部分歌词："雄关漫道真如铁，而今迈步从头越。聚在一起是一团火，散开之后是满天的星星。"这同样是来自毛泽东的著名诗词和口号。和作为电影主基调的个体之"怨"相比，这些歌词向观众展现出一种化"小我"为"大我"的可能性。

　　影片中这些诗与乐的片段与其说是对于革命年代词汇的空洞

借用，不如说是这些作者借助文学想象的能力突破了流水线工厂对于个体的分裂，进而完成了对彼此和远方的联结。在电影中，在乌鸟鸟的"惟余莽莽"之后，电影连续以字幕的形式出现了三段"打工诗歌"。

> 刷，刷刷刷，中国，我制造的鞋子踏遍了七大洲
>
> ——池沫树《最后完工》

> 我青春的五年从机器的屁眼里出来 / 成为一个个椭圆形的圣诞玩具 / 出售给蓝眼睛的孩子
>
> ——谢湘南《前沿轶事》

> 我每天劳碌不停 / 为了在一个工厂里和平地安排好整个世界
>
> ——郑小琼《工业时代》

在这些诗句中，通过想象劳动产品从工人到顾客的传递，工厂里的个体与世界被连接在一起。事实上，工人与产品的关系在北京的"新工人音乐"中同样是被关注的重点。不过，"新工人音乐"作品强调的是"劳动创造世界"，他们唱的是："我们用智慧和双手，建起大街桥梁和高楼"（《劳动者赞歌》）、"高楼大厦是我建，光明大道是我建"（《打工打工最光荣》）、"你说你最痛恨那些不劳而获的家伙，他们身上穿着漂亮的衣服，却总是看不

起你，你说究竟是谁养活谁"(《彪哥》)……强调工人的"劳动"
对于"产品"的关键作用，才能阐明"劳动"的创造性意义，进
而才能凸显农民／劳动者作为创造者的神圣地位。这是"新工人
音乐"在使用"劳动"这一词汇时的基本诉求。相比之下，"打
工诗歌"在关注"劳动"与"产品"之时，却没有将生产者与消
费者对立起来。恰恰相反，在"打工诗歌"的想象中，通过产品
的销售，生产者和消费者被想象性地连接在一起。邬霞的《吊带
裙》完整地表达了这一想象过程。当"我"在工厂里熨烫吊带裙
之时，想起了未来将穿上这条吊带裙的姑娘，因为我们同样热爱
吊带裙，所以"我"忍不住说出："陌生的姑娘，我爱你。"在这
个意义上，和"新工人音乐"之"劳动创造世界"的主题相比，
"打工诗歌"和《我的诗篇》所完成的主题是：劳动将世界联结
起来。它不只是社会批判的"怨"，更具有"群"的功能。

　　在《吊带裙》中，完成这一"群"的功能的，正在于"我爱
你"中的"爱"这一情感。和"新工人音乐"中那种作为社会批
判资源的劳动理念相比，《我的诗篇》展现出一种饱含着情感的劳
动观念。正因如此，它才如此阐释"劳动"："劳动让人活得有劲，
劳动也让人死得放心。"这样的"劳动"当然是去政治化的，却能
唤起工人群体之外更广大劳动者群体的广泛共情。影片中另一引
发共情的元素则是"乡愁"。彝族打工诗人吉克阿优回乡的片段，
是《我的诗篇》中第一个完整的诗人段落。从"好些年了，我比
一片羽毛更飘荡"，到吉克阿优的回乡火车，再到对彝族传统祭祀
仪式因人口流失而难以为继的哀叹，"乡愁"构成了这一片段的关

键词。影片的其他片段也渲染了漂泊在外的打工者的亲情与乡愁。在充满流动性的当代社会中，无论是"打工诗人"，还是其他普通打工者，或者是"北漂""上漂"的年轻学生与都市白领，其实都分享着类似的情感。"新工人"的口号是"待不下的城市，回不去的乡村"，年轻学生和都市白领群体中则每年风行着各种感叹乡村颓败的"返乡体"，其中都涌动着普遍的乡愁。汪晖曾经感叹，"新工人"和"新穷人"虽然是 20 世纪 90 年代以来同一个社会进程的产物，但相互之间缺乏团结和互动，因而也就无法通过团结或互动产生新的政治。[17] 那么，这种共同的乡愁能否成为他们相互联结的契机？那些热情参与众筹、观看《我的诗篇》的"文艺青年"，虽然或许不乏偏见，但也从虚无缥缈的文艺世界被拉入当代乡土生活的现实之中。这种基于"故乡"和"乡愁"的联结很难说具有阶级政治的性质，却最能深入人们情感的细腻肌理。

《中国太阳》：乡土的崇高形象

如果要讨论当代文化中"乡愁"和"乡土"怎样呈现为一种积极的价值，那么，刘慈欣创作于 2002 年的小说《中国太阳》则提供了最令人惊异的瑰奇想象。

《中国太阳》讲述了一个农民工拯救世界的故事。水娃怀着"喝点不苦的水，挣点钱"的愿望，从极度穷困的乡村先后来到矿区、省会和北京，并当上了一名高空建筑清洁工——"蜘蛛人"。他打工时偶遇的科学家庄宇，后来成了以人造太阳影响地球天气的"中国太阳"工程的主持者，而包括水娃在内的60名"蜘蛛人"则被庄宇聘请为在太空擦中国太阳的"镜面农夫"。水娃因此获得了荣誉感和较高的经济收入，在北京成家立业，甚至买了房（在北京）！在一次与霍金的交谈中，水娃第一次被宇宙的奥秘和壮丽震撼，产生了探索遥远宇宙的希望。20年后，在国家为水娃等第一批"太空产业工人"授勋的仪式上，水娃主动请缨驾驶由中国太阳改造的行星际飞船飞向太空。在故事的结尾，水娃以对太空事业的献身重新激起了人类社会探索太阳系外宇宙的热情，但他依然对家乡怀有深深的眷念："水娃始终会牢记母亲行星上的一个叫中国的国度，牢记那个国度西部一片干旱土地上的一个小村庄，牢记村前的那条小路，他就是从那里启程的。"[18]

　　小说以一种寓言的形式讲述了农民工的贡献。庄宇之所以选择让农民工成为中国太阳的清洁队，最大的原因是可以在这个准商业的项目中节省薪水："正规宇航员的年薪都在百万以上，我这些小伙子每年就可以给你们省几千万。"[19]这正是林毅夫等经济学家所乐道的中国廉价劳动力的"比较优势"。正是这一批吃苦耐劳的农村打工者推动了中国经济的高速发展。小说中，"中国太阳"的其他高层领导人反对庄宇让农民工进入这项工程："在城市高等教育已经普及的今天，让一个文盲飞向太空？"他们甚至认为"这是对这个伟大工程的亵渎"，而无人理会水娃"我不是文盲"的自白。庄宇则力证"蜘蛛人"能完成普通人绝不能完成的任务，让人们承认"蜘蛛人"在工作中所需的体力和技巧与

宇航员在太空行走所需的几乎无二。通过把农民工变为太空中的
"镜面农夫",刘慈欣笔下的"农民"身份并不意味着土气、无
知、没有远见,而是携带了一个社群的特定经验与技艺。小说中
的前宇航员感叹道:

> 这使我想起了那个古老的寓言:卖油人把油通过一个铜
> 钱的方孔倒进油壶中,所需的技巧与将军把箭射中靶心同样
> 高超,差异只在于他们的身份。[20]

"熟能生巧"的故事在这里被改写成了一个与"身份"密切
相关的故事。从这个意义上,刘慈欣重述了费孝通和毛泽东先后
提出的类似命题。费孝通在《乡土中国》中提出:首先,对于乡
下人不懂得避让汽车等情况而言,这只是知识问题而不是智力问
题;其次,正如城里人去了乡下不认识庄稼,城市和乡村的知识
概念是不同的,不能片面地说乡下人"知识不及人"。费孝通由
此批评启蒙主义的乡村话语将乡下人视为愚笨和无知的态度。[21]
毛泽东时代的实践,则通过破除体力劳动和脑力劳动的等级差
别,强调劳动"只有分工不同,没有高低贵贱之分",完成了和
费孝通类似的倒转启蒙话语结构的任务。"蜘蛛人"的技能在刘
慈欣的笔下得以运用于太空,这意味着,乡土中的智慧并不亚于
城市,甚至在绝对"现代"的科技领域也有可发挥的空间。

而更重要的是,小说中的水娃虽然文化水平低,近乎文盲,
但并不"愚昧"和"麻木"。他有着旺盛的求知欲,只要加以教

育，就可以被引导向更高的目标。小说由水娃的六个目标结构而成，从第一个目标"喝点不苦的水，挣点钱"到第六个目标"飞向星海，把人类的目光重新引向宇宙深处"。在不同人的点拨下，水娃从小村庄一路走向太空。而在此过程中，他的心智也不断得到提升。北京让他懂得了人在更高处可以看到不一样的东西，科学家陆海让他从自己的"托勒密时代"进入了"航天时代"，而霍金和太空中的生活则使他对于遥远的宇宙产生了难以抗拒的向往。但水娃没有停留于这一被启蒙的位置，而是最终超越了他的启蒙者。在一个人类逐渐丢失理想和信仰的年代，水娃挺身而出担任星际航行的志愿者，这让当年的启蒙者陆海感叹水娃已远远超过自己。水娃为何在一个趋于保守的年代仍然保持着追逐远方的豪情？他坦言：

> 有人满足于老婆孩子热炕头，从不向与己无关的尘世之外扫一眼；有的人则用尽全部生命，只为看一眼人类从未见过的事物。这两种人我都做过，我们有权选择各种生活，包括在十几光年之遥的太空中飘荡的一面镜子上的生活。[22]

"满足于老婆孩子热炕头"是人们对于农村人的定型化想象，但水娃也对从未见过的远方怀有憧憬。在水娃这里，我们再次见到了《平凡的世界》中孙少平身上那种不出去闯荡世界就"一辈子心平不下来"的冲动。更与孙少平形成呼应的是，水娃走出农村并不意味着与"土地"断绝关系。刘慈欣在小说中安插了一些看似"闲笔"的情节。水娃一路从西北小山村走进北京,飞向太空,一往无前,似乎毫无眷恋。但在水娃进入太空后,刘慈欣突然开始写,"水娃与家里通了话"。水娃的爹娘和水娃明明看不到彼此,却依然感知得到彼此的存在。水娃和其他的"镜面农夫"甚至专门买了高倍望远镜,用于在太空遥望家乡。还有人在镜面上写下一首诗:

> 在银色的大地上我遥望家乡
> 村边的妈妈仰望着中国太阳
> 这轮太阳就是儿子的眼睛
> 黄土地将在这目光中披上绿装 [23]

这一首诗在天空与土地、远方与家乡之间循环往复(这一循环往复的视角,与刘慈欣后来在《三体》英文版后记"东方红与煤油灯"中使用的视角是一致的。这一点参见本书第五章)。"中国太阳"带来的雨水将改变西北的干旱气候,水娃们既是为"中国太阳"工程工作,也在为自己的家乡服务。小说写道,他们在擦拭"中国太阳"时,总把自己家乡所对应的位置"擦得最勤"。

这些"闲笔"让《中国太阳》呈现出"乡愁"的别样面貌。对乡土的深厚感情与离开乡土并不矛盾,甚至正是因为希望乡土变得更好,他们才离开自己的家乡。于是,刘慈欣改写了主流的乡土美学。在主流的乡土叙事中,"离乡"总是涕泪飘零的。其背后逻辑是视乡村为神话般亘古不变的乐园，离开乡村便是失去乐园。这种情感结构导致农业与工业、乡村与城市的对立，为了批判后项的破坏力，前项必须保持不变。这正是雷蒙·威廉斯曾斥责的对于乡村的保守主义论调："如果它认为社会的发展进程应当停留在现在这个相对的优势和劣势状态、不再变化，那就是一种欺诈。"[24] 而在《中国太阳》中，离乡却呈现为不断开拓进取的豪情。离乡是因为个人要追求发展，贫瘠的农村需要改变，同时也是为了全人类共同的伟大事业。在水娃一步步从乡村走向太空的过程中，刘慈欣写出了一种崇高感。这种崇高不仅是康德意义上的、观念的崇高——有限在无限面前先惧后喜，感受到威力而理性又能把握这种威力（比如水娃对于都市灯火和浩渺宇宙而生的震惊体验），更是李泽厚意义上的、实践的崇高——"实实在在的人对现实的不屈不挠的生产斗争、阶级斗争和科学实验的革命实践"[25] 的崇高。

关于中国农民的"离乡－进城"，如果说在知识分子群体中流行的忧伤来自看到农民工在城乡二元体制和资本主义经济压迫下的渺小与卑微，那么，刘慈欣则有意要为他们以自己渺小之力所造就的崇高树碑立传。这种崇高不是来自"工人阶级""艺术家""诗人"等神圣的外在名号，而是诞生于他们的日常劳动和乡土情怀本身。农民工的劳动创造了中国的经济奇迹，这是一种"崇高"；同时他们也在改善着自己和家人的生活，这更算得上"崇高"。小说中，水娃的爹娘听说水娃要飞向"老远的地方"，"怕是回不了家了"，却并不觉得特别难受——"娃是在那比月亮还远的地方干大事呢！"[26] 比起"疼痛的乡愁"，这样的骄傲感恐怕才是在中国农民的"离乡－进城"中更为真实的情感。

"想象的乡愁"与"现实的乡愁"

"乡愁"其实可以分为两类：一类是想象的乡愁，另一类则是现实的乡愁。前者是一种浪漫主义情感，是人们在感受到过分理性化和技术化的现代生活弊病之后对于过去的回望。这里的"乡愁"之"乡"与其说是真实的乡村，不如说是人类在现代的科学乐观主义中已经失落的精神故乡。不过，这样的情感常被投射在"现代"程度尚不够的乡村地区，乡村也就以"过往的""落后的""原始的"形象出现在"乡愁"文学中。梁鸿、王磊光和黄灯等学院知识分子充满"乡愁"的返乡笔记，都是这一类型的代表。这也就解释了其中的一个悖谬：为何他们已经"返乡"，却依然充满"乡愁"？这是因为他们所怀想的并非真实的故乡，而是精神故乡。这种精神故乡可以是与"现代"相对立的任何理念，那充满美好人情气息的"乡土中国"，就是其中一种。

相比之下，所谓"现实的乡愁"，则是现实中离开家乡、乡村、小城进入大都市，却终究还要回来的人们在异乡产生的感情。比起"想象的乡愁"，这种"现实的乡愁"是人们对于真实的故乡的牵挂。它并不预设城市与乡村的对立，因为无论城市还是乡村，都是人们所真切经历的生活的一部分。这样的"乡愁"不会导向对于城市或者乡村任何一方的批判，而是会成为人们在异乡努力工作的动力。这种朴素的感情，或许是转型时期不断流动的中国人民更为普遍的感受。

但"想象的乡愁"与"现实的乡愁"也有共通之处，它们都诞生于分离和孤独。"想象的乡愁"源自人与精神故乡相分离之后在现代社会中的孤独处境，而"现实的乡愁"则是来自人为了生计或梦想不得不远离自己的家乡。两种"乡愁"之所以都投射于乡土，乃是因为乡土提供了一种关于集体生活的经验，与现代都市中的孤独感受形成了鲜明的对比。因而，在各种形式的"乡愁"中，其实蕴藏着人类对于集体生活的渴望，进而弥合了不同人群的裂缝。《中国太阳》中更有意味的细节在于，大科学家霍金与农民工水娃的交谈也开始于对各自家乡的回忆。刘慈欣写道，这使他们之间产生了"共同语言"。在这样的叙述中，知识人与普通人因对于"家乡"的共同情感而产生交流。这让人想起"新穷人"与"新工人"因共同的"乡愁"而形成的想象性联合。人类虽然在现代生活中不得不远离"大地"，却又通过与"大地"有关的情感而重新被联系在一起。

在《乡土重建》中，费孝通以传统的"落叶归根"的意象说明，一种健全的文化应该是有机循环的。"落叶归根"是对人与大地之间的循环的形象描述，这是为乡土社会保留人才的重要手段。而中国乡土的衰落与从乡村走出的年轻人不再回到故乡有着密切关系。[27]正如Beyond乐队20世纪80年代末的成名曲之一《大地》中唱的：回头有一群朴素的少年/轻轻松松地走远/不知道哪一天再相见。和"落叶归根"相比，这是时代的变迁。而相比之下，在当下这个发生着急剧变动的社会中，人们似乎不再"轻轻松松地走远"，而是发生着越来越普遍和浓厚的"乡愁"。这是另一次时代变迁：人们在身体上走远，在精神上却一直产生着"返乡"的冲动。"乡愁"可能是朝向世外桃源的保守与怀旧，反之，亦可能是恢复我们对于"土地"的感知、进而导向变革的起点。

第五章

大地之上
的科幻

我的征途是星辰大海！

——田中芳树《银河英雄传说》

在中国，任何超脱飞扬的思想都会砰然坠地的，现实的引力太沉重了。

——刘慈欣《三体》

太空时代的"土"元素

"土"是一个隐喻。土地是凝固的,暗示着心灵的保守状态;土地意味着封闭的内陆,与向外敞开的海洋形成对照。黑格尔在《历史哲学》中写道:

> 平凡的土地、平凡的平原流域把人类束缚在土壤上,把他卷入无穷的依赖性里边,但是大海却挟着人类超越了那些思想和行动的有限的圈子。[1]

在这里,土地与海洋的差异被表述为相应地区民族精神的差异。而黑格尔之后的德国思想家卡尔·施米特则在其著名作品《陆地与海洋》中将近现代以来的历史明确表述为陆权与海权的斗争,其结果则是海洋战胜了陆地。这一逻辑在 20 世纪 80 年代以来的中国得到了认可。在 80 年代轰动一时的纪录片《河殇》中,以黄河和黄土为代表的中国文明被认为必将汇入西方那"蔚蓝色的海洋文明"。"土地"从中国人赖以生存的家园变成了中国在世界秩序中处于落后位置的根源。

费孝通曾在《乡土中国》中对"土气"做了一个解释。乡土社会的原则和生活是地方性的，无法拓展至更广阔的空间。从中得来的认识是个别的，不能用来解释"笼罩着万有的真理"。于是：

> 从乡土社会进入现代社会的过程中，我们在乡土社会中所养成的生活方式处处产生了流弊。陌生人所组成的现代社会是无法用乡土社会的习俗来应付的。于是，"土气"成了骂人的词汇，"乡"也不再是衣锦荣归的去处了。[2]

虽然费孝通一直在正面的意义上论述"乡土"的特点，但这段话还是暗示了乡土社会与现代社会的截然二分。乡土中国的经验被视为只在传统社会中有效，而在现代社会中将惨遭淘汰。黑格尔的表述和费孝通的表述叠加，成了当代中国人对于乡土的普遍认知：从土地性生存中所获得的经验是保守和过时的，无法在现代的海洋性生存中继续为我们指点方向。

在《陆地与海洋》中，施米特看到，科学技术的发展正在对当时获得胜利的海权构成挑战。他指出，由先进科技所支撑着的"天空"将挑战传统的海洋与陆地两分法，人们将在"天空"这一空间中展开新的争夺。在施米特的时代，天空中的飞行器由火药式内燃机进行驱动，因此他以"火"与"气"来命名这种新的支配型力量，以区别于"土"所代表的陆权和"水"
所代表的海权。[3]当代世界显然已经走到施米特所言的"天空"
时代。在冷战时期，宇宙空间就是美苏争霸的重要内容。在当
下的中国，除国家对于空间科技的大力投入之外，"科幻文学"
也在成为最热门的文类。只是，当热爱科幻的年轻人喊出"我
们的征途是星辰大海"时，我们会发现，"星辰"与"大海"被
等同起来——这依然是有关"水"元素的想象。在"星辰大海"
的"水"元素和施米特的"火"与"气"元素之外，"土"元素
是否已经毫无用处，只得被彻底抛弃？如果联系到黑格尔将中
国视为陆地性的国家，费孝通也提出了中国的"乡土本色"，那
么这一问题就可以延伸为：中国过往的历史是否可以为新兴的
"科幻文学"提供养料？中国的土地生存经验能否继续在未来的
科技时代发挥作用？

　　在前一章最后一节提到的科幻小说《中国太阳》中，刘慈欣
让水娃代表农民的智慧在太空中继续发挥作用，并将他们命名为
"镜面农夫"。这似乎暗示着一种与"星辰大海"不同的想象，一
种"土"元素仍在太空时代发挥作用的想象。刘慈欣的科幻小说
近年来在学院内引发了极高热度。复旦大学的严锋教授断言中国
科幻已被刘慈欣"单枪匹马提高到世界高度"[4]；王德威教授在
2011 年的北京大学演讲中将刘慈欣与鲁迅并列；2015 年北京师
范大学的吴岩教授开始招收科幻文学专业博士；继 2015 年 7 月
刘慈欣的《三体》英文版获科幻文学世界两大最高奖项之一的
"雨果奖"之后，刘慈欣诸多研究论文被发表。这些都有力地助

推了这一热潮。吴岩等研究者认为刘慈欣的科幻具有"新古典主义"的风格，对科学技术的力量持有乐观肯定态度和英雄主义的情怀，因而区别于"中国已经进行了长达20年之久的科幻小说'先锋'、'新潮'、'解构'式的革命"[5]。然而，这种风格被视为对凡尔纳传统的继承，而非一种具有独创性的中国经验。

刘慈欣于20世纪80年代末开始写作，但在20多年之后的今日大热，这反映出科学技术的力量已经如此深入日常经验之中，塑造着人们感知现实和想象未来的方式。从这个意义上说，我们正进入施米特笔下的"天空"时代。但刘慈欣的科幻写作或许并非单纯地鼓吹科学理性。我们在他的作品中能看到科学与社会、世界与中国、天空与大地的对话，更能找到中国在20世纪50—70年代的大量文化精神和第三世界经验。在这些故事中，一种不同于西方海洋性生存的、土地性的经验依然继续为未来世界的人类提供着精神养料。这不是"星辰大海"的科幻，而是有关"大地"的科幻。

刘慈欣科幻与第三世界

如果我们仔细考察刘慈欣小说中的英雄人物，就会发现，他们并不全是掌握高级技术的知识精英，反而很多都是普通人。这些人成为英雄的关键之处，不在于技术如何高超，而在于他们的眼光超越了目前的生存处境，能够展望遥远的未来，为人类和共同体做出长远的谋划。比如，《乡村教师》中在偏远小山村也要为孩子讲解牛顿三大定律并最终拯救地球的民办教师,《中国太阳》中献身外太空探索的农民水娃,《光荣与梦想》中为祖国免遭美国殖民而誓死抗争的西亚共和国运动员,《混沌蝴蝶》中利用"蝴蝶效应"造雾、为祖国对抗北约轰炸死而后已的南斯拉夫科学家亚历山大,《地火》中为了彻底解决煤炭能源危机、矿工安全与矿区百姓生计问题而冒险研发汽化煤的工程师刘欣……这些人的努力也许一时失败了,却激发了千千万万人的勇气和希望,使他们为共同体的幸福和发展前赴后继。

刘慈欣笔下的英雄形象唤起了我们对于 20 世纪 50—70 年代文学的记忆,即有限的个人之所以能成为英雄,不光是因为他做了什么,更是因为他最后融入人民和历史这样的无限范畴之中。前面提到的这些人物,如果无视其中的科学技术元素,简直就是我们熟悉的王二小或者董存瑞的故事。刘慈欣特别强调,科幻小说对"人物形象"的概念进行了扩展,"以整个种族形象取代个人形象",或者"一个环境或一个世界作为一个文学形象出现"[6]。刘慈欣的作品常被批评人物形象过于扁平,但他依然坚持科幻应该将此发展为"自觉的表现手法"[7]。这到底是通俗小说的弊病,还是刘慈欣寄托遥深的新颖之处?

如果我们回溯 20 世纪 50—70 年代的文学及其批评史,就会发现赵树理也曾遭遇这样的批评。日本学者洲之内彻曾经批评赵树理文学"人物常常是贴上标签的苍白模型,不具特色,性格得不到充分的展开",缺乏现代小说创作的基本方法——心理分析,因而是不够"现代"的文学。贺桂梅曾引用竹内好的

《新颖的赵树理文学》一文，指出赵树理小说的意义"恰恰在于超越了'个人和社会的对立'的'苦恼'，在更高层次上实现了一种'悠然自得、自我解放的境界'"。作为"现代文学"支点的"典型人物"，采取的是将个人从整体中选择出来的办法，从而使个人与社会（整体）的二元对立成为现代性的必然。赵树理则呈现出一种"东方的现代"对于"西欧现代性"内部困境的超克，塑造出一种"个体就是整体"的新型状态。因此，他也挣脱了那种单一维度的、限定在"人生观或美的意识"等固定坐标上的现代性——这种现代性自视为放之四海皆准，其实是一种霸权。[8]

刘慈欣与赵树理具有写作位置上的共同性，他们面对着同样的"现代文学"的困境。20世纪90年代以来，建基于"人学"之上的"纯文学"实践已经逐渐丧失其最初的政治意图，而成为自律的审美场域内的语言游戏。其背后的深层原因，则是抽象的"人"从其原本身处的、完整的政治经济领域中抽离出来，成为文学场域中"固定的坐标"。刘慈欣曾多次在访谈中表示对主流文学以"人"作为基本尺度的不满，"文学给我的印象就是一场人类的超级自恋"，而他写作的科幻文学则试图突破这一尺度，"超越自恋"，致力于"体验更多的东西，而不想只把精神局限于宇宙中的一粒灰尘上"[9]。这些表述，往往被理解为刘慈欣的"冷酷"[10]。"冷酷"之类的评论便是陷入对以"个人"为基准的、单一样态的"现代文学"迷思之中。就刘慈欣的创作实践来看，与其说他试图否定"人性"本身的积极意义，不如说是不满"人性""文学即人学"这些概念背后的单一现代性标准和自居于"普遍"的压制性力量。而他强调以种族、环境、世界取代个人,则是在其写作中寄寓了颠覆"人学"的野心,转译成他自己的话就是,科幻可以超越人类中心主义的"自恋",是"对主流文学理念的颠覆和拓展"[11]。

刘慈欣之于主流文学的"新颖",因此有了一种批判意味。在他的作品中,我们可以看到一幅广阔的第三世界地图,比如《天使时代》和《魔鬼积木》中的非洲桑比亚国、《混沌蝴蝶》中的南斯拉夫、《光荣与梦想》中的西亚共和国、《全频带阻塞干扰》中的中国。在这些描写美国(和北约)与第三世界国家之间的战争的作品中,他永远将令人激动的英雄形象设置在第三世界一方。《光荣与梦想》是一篇典型的讽刺作品。它讲的是,在比尔·盖茨的倡导和联合国的主持下,美国与被美国制裁十几年的西亚共和国以体育比赛的形式决定胜负。常年受制裁、国力远弱于美国的西亚共和国当然无法战胜美国,但这场比赛因为使用了"非战争"的方式而被视为"人道"的竞争,被认为呈现出"人类大同的理想社会"的曙光,美国也相应地被称作人类战争史上"最崇高的战胜者"。《光荣与梦想》所道破的正是那些自居"普遍"之物的遮蔽之处:所谓"普遍"只是霸权所有者以自身状况为中心制定的标准。此一标准通过霸权推行为"普遍",被压制者如果陷于这种逻辑,除了向作为中心的霸主低头之外,别无其他命运。《光荣与梦想》中,美国提出通过体育比赛比拼"综合国力"的计划,正是以"综合国力"这一看似中立、普遍的标准将自己的扩张行为合法化的狡计。通行于西方地理学、历史学、生物学之中的"中心－边缘"框架，背后也暗藏了同样的逻辑。

另外两篇小说也对西方中心主义有着类似的洞见与批判。小说《西洋》中，作者假想当年郑和下西洋没有至非洲而返，而是开展哥伦布式的新大陆探险，中国中心因此取代了欧洲中心，从而以一种语言游戏的方式完成了对西方地理学的反转。在另一篇小说《魔鬼积木》中，美国的基因工程"创世"希望通过组合人与动物的基因制造出高素质的军人。培育过程的早期产生的那些人类基因成分在 70% 以下、因而与人的形象相距较远的怪物被无情屠杀。"创世"的负责人、黑人科学专家奥拉博士某次回到自己的家乡桑比亚国，被亲美政府领导下的国家贫富极端分化状况震惊。在桑比亚国的亲美政府被推翻之后，奥拉博士偷偷将一批强大的变种人转移到反美的新桑比亚政权之下，最终打败了美国。《魔鬼积木》挑战的是所谓"人"与"非人"、"高等人"与"低等人"的界定，这种界定通过生物学研究固定为一种"科学"标准，正是西方殖民扩张中实施种族屠杀的依据。

当代中国科幻最有力的推动者之一吴岩教授曾在 2005 年"励耘学术论坛——如何进入儿童世界"的会议上做过一次名为"中国科幻与第三世界"的发言。他谈及王晋康、刘慈欣等人对于中东问题和非洲问题的科幻书写，并构想：中国科幻作家如果意识到自己的第三世界身份，就不应该使"中国儿童和青年仅仅关注自己的生存，自己的世界"，应该致力于"希望下一代关心全球。并立志为成为一个全球村的公民做好准备"[12]。此处可以追问的是，中国科幻的"第三世界"身份到底意味着什么？"第三世界"所提供的特殊经验，与"科学"所携带的普遍性想象（即吴岩教授所说的"全球村的公民"的主体想象）之间应该构成一种什么样的关系？

"游击队员"："科学"问题在第三世界

从前面的分析中，我们已经发现刘慈欣科幻中"科学"的特别所指。他所着意的"科学"，比如《乡村教师》中的牛顿三大定律、《地火》中的汽化煤、《混沌蝴蝶》中的蝴蝶效应，其核心从来不是某种高深复杂、难以获得的知识。甚至在他最"硬"的科幻小说《三体》系列中，地球人决胜三体人所凭借的，也不是前几位面壁人将宇宙舰队量子化或者在水星埋氢弹等大动干戈的方案，而是成本相对较低的"宇宙社会学"定理。只有《三体3：死神永生》是其中的少数例外（有意思的是，它却是刘慈欣最受国内读者喜爱的作品，或许是因为它与人们被天崩地裂的美式大片所塑造的科幻想象最为贴合）。除此之外，刘慈欣很少像亚瑟·克拉克、阿西莫夫等西方科幻大师那样将主要笔墨用于描写遥远的宇宙场景和与他的同代人几乎不相干的未来。此外，他小说中的正面人物多是从事实际工作的人物，极少是学院内的"科学家"。

在力量对比悬殊的双方之间展开较量，是刘慈欣大部分科幻小说的主题。若我们将目光投向中国和其他第三世界国家的

20 世纪历史，则会发现这一主题是对这些国家真实历史处境的高度浓缩。科学技术的发展与国家体制的组织有着密切关系，第三世界国家缺乏一个强大稳定的体制来保障科学研究，要想在与强敌的对抗中取得胜利，就要依靠非体制的力量。正因如此，"游击战"才成为第三世界革命运动中最常见的反抗形式。"游击战"的特点在于，虽然深入广大内地，但并非农民运动，而主要是出身于中产阶级或者农村小资产阶级的年轻知识人所组织的行动。[13] 虽然现代战争理论将游击队视为"不正规"和"非法的"，但因为具有反抗帝国主义殖民战争、守护乡土生活方式的属性，游击队代表了另一种具有普遍性的"大法"："游击队员"反对自命普世理念的资本主义，从而展现出另一种现代性的普世理念。[14]

　　类似于"游击队员"的特点正体现在刘慈欣笔下的人物中。《三体 2：黑暗森林》中，唯一成功的面壁人罗辑与其他几位面壁人的不同之处，正在于他心中始终怀有对作为整体的地球和人类的守护，因而绝不会以毁灭地球作为代价。这是一名"游击队员"的大地品质。罗辑也恰好被认为是面壁人中最"不像面壁人"的人，近似一名非正规的"游击队员"。小说中，章北海曾在出场时指出："在这场战争中，地球文明不需要正常的普适的军事理论，一次例外就够了。"[15] 这种"非正常"的军事理论，正是游击战术。在刘慈欣的《混沌蝴蝶》中，孤身奔赴各地利用蝴蝶效应造雾、保卫南斯拉夫免遭北约空袭的亚历山大，和罗辑属于同一"游击队员"形象序列。在另一篇小说《光荣与梦想》的结尾，在奥运会上失败的西亚共和国人民直接以游击战反抗殖民占领：他们违反了奥运会前的约定，这是"非法的"，但他们是为守护自己的祖国、自己的土地而战斗，这是另一种更高的"法"。这一系列充满光彩的人物，都与第三世界独立运动中的"游击队员"有着千丝万缕的关联。

与反抗殖民、守护乡土的"游击队员"形成对照的，是一些不切实际的"科学家"。对这类人最典型的讽刺，或许要追溯到《格列佛游记》中对勒皮他飞岛的描写。勒皮他飞岛上住满了狂热的发明家，他们热衷于各种精巧机械和高深理论，因此与不懂这些"知识"的老百姓隔离开来。实际上，他们缺乏真正做事的能力和与老百姓打交道的能力，从个人生活到国家政治都一团糟。斯威夫特的讽刺针对的是那些因追求科学"真知"而背离民众生活（即所谓"常识"）的科学家。[16] 在刘慈欣的《三体》系列中，也有着这样一批醉心于脱离实际的创制的"科学家"。

《三体》中，叶文洁进入了秘密寻找地外高智慧文明的"红岸工程"，无意中发现了向地球之外远距离发送信息的方法，并接收到三体世界的消息。她坚信技术发达的三体世界一定具有比地球更高的文明和道德水准，在对人类的绝望中向三体发出信息："到这里来吧，我将帮助你们获得这个世界，我的文明已无力解决自己的问题，需要你们的力量来介入。"随后，深奥精妙的三体游戏让一大批地球上的精英知识人被三体世界吸引，他们组成了"地球三体组织"（ETO），以"消灭人类暴政，地球属于三体"为口号，希望三体人能带来更美好的文明，改变地球的落后状况。然而，三体人并不如想象中善良，他们因自己的环境恶劣而希望向地球殖民，从而引发了整个银河系的大灾难。

以叶文洁为代表的地球三体组织成员便是那种脱离民众的"科学家"代表。三体游戏提供了普通人难以理解的深奥内涵，是专门为知识精英设计的智力游戏。借用作为资深玩家的老哲学家的表述：三体游戏"那深邃的内涵，诡异恐怖又充满美感的意境，逻辑严密的世界设定，隐藏在简洁表象下海量的信息和精确的细节"[17]令玩家非常着迷，并让他们觉得现实无比平庸与低俗。更可怕的倾向在于，他们不愿安于个人的沉思生活，还要结成社团，攫取权力。精英认为大众的生活是不值得过的，却并不回到大众之中帮助大众，反而是站在大众之外指手画脚，甚至想要毁灭这些他们眼中的平庸生活。这是知识人最危险的倾向。

此处切中了《理想国》中最著名的问题之一：受过教育的人应不应该回到没受过教育的人当中。刘慈欣 2001 年创作的小说《朝闻道》几乎是对这一问题的直接展示。小说中，科学家为了得知宇宙中的终极真理走上"真理祭坛"，与高智能的外星来客完成"生命和真理的交换"。他们提出的问题包括"哥德巴赫猜想的最后证明""地球上恐龙灭绝的真正原因"等。即使得到答案的 10 分钟之后就要化为火球，这些全世界顶级的科学家依然宁可抛弃生命、爱情、温暖的家庭和对人类社会的责任心，为了能领悟宇宙的终极真理和终极和谐之美而在所不惜，可谓"朝闻道，夕死可矣"。

在《朝闻道》中，围观科学家以生命交换真理的普通人"能清楚地感受到那些人的兴奋和喜悦,像是一群在黑暗的隧道中跋涉了一年的人突然看到了洞口的光亮"[18],这便是关于"启蒙"的经典比喻:被光照亮。《理想国》卷七讲述了著名的"洞穴之喻"。在苏格拉底看来,洞穴中的囚徒必须先走出洞穴,直视太阳,然后再重返洞穴。囚徒走出幽暗的洞穴,是因为"灵魂不断地渴望向上",因为对美好真理的追求使他们不断超越自我,而返回洞穴,则是为了城邦中共同的生活:一方面,只有这样,才能让幸福"分布在整个城邦之中",而不是"让城邦中的某一阶层过上与众不同的幸福生活"[19];另一方面,洞穴中的生活自有其存在价值,知识人对民众的生活传统必须保持敬重,不能因为获得了洞穴之外的知识就回来指手画脚。只有同时拥有了洞穴内外的视野,才能达到对于真理的整全认知。

启蒙运动带来的,"不只是国家与教会的分离,而且是政治权力与所谓'市民社会'权力的相对分离,特别是与掌握在'市民社会的机构'及其知识分子手中的意识形态权力的相对分离"[20]。这也是 20 世纪 80 年代以来"新启蒙"运动的后果:启蒙知识人成为一股独立的力量,不仅凭借其知识自视为立法者,对抗统一的政治权力,而且与人民大众相分离。从刘慈欣对于地球三体组织的刻画中,可以看出中国 20 世纪 80 年代"新启蒙"思潮的影子:《三体》中,导致叶文洁对人类极端失望的原因,正是她称为"邪恶黑暗"的"文革",这也是 20 世纪 80 年代"新启蒙"思潮的反思起点。叶文洁向地球之外发送"我的文明已无力解决自己的问题,需要你们的力量来介入"的信息,这种认定自己的文明无法依靠内部力量完成更新的观点，正是金观涛、刘青峰笔下"中国封建社会的超稳定结构"式的表述。当被问到为何相信三体文明能够改造和完善人类社会时，叶文洁回答：

> 如果他们能够跨越星际来到我们的世界，说明他们的科学已经发展到相当的高度，一个科学如此昌明的社会，必然拥有更高的文明和道德水准。[21]

以技术水准的高低判断文明和道德水准的高低，这也是20世纪80年代的知识分子的普遍心态。地球三体组织成员期盼三体文明通过殖民地球来改造人类文明，甚至有人认为西班牙人对美洲的殖民有利于当地文明进步，这几乎就是在影射20世纪80年代的"河殇派"。这些细节都表明：即使刘慈欣不是有意反讽，也可以说地球三体组织与20世纪80年代的"新启蒙"思潮有着相同的成因。而刘慈欣的科幻写作，正开始于20世纪80年代末的反思之中。

刘慈欣笔下有一组强烈的意象——上升与下降，这正是《理想国》中描述的走出洞穴与重返洞穴的道路。在《中国太阳》中，飞向外太空的水娃心中始终牢记着中国、自己的村庄和村前的小路。在《乡村教师》中，乡村教师临死前给孩子们讲授的知识传向宇宙中的星际战舰，宇宙智慧生物因此感慨万千，吟唱出的歌谣传遍了整个银河系，而与此同时，乡村教师的学生们"沿着小路向村里走去，那一群小小的身影很快消失在山谷中淡蓝色的晨雾中"[22]，他们将给这块古老贫瘠的土地带去希望。在《光荣与梦想》中，西亚共和国的马拉松运动员辛妮最终与圣火合而为一，这最终激发起西亚人民的反抗：虽然以美国为首的多国部队开进西亚首都，西亚军队解散，重武器被收缴，但"轻武器都散落到民间，现在，如果有一阵狂风吹开西亚所有的屋顶，您会看到每扇窗前都有一个射手"[23]。在《地火》中，工程师刘欣的最后一个动作是走下喷着地火的矿井。在"上升"所产生的前进感和"下降"这一动作所携带的对共同体和大地的深厚感情之间，形成了一种特殊的张力，这便是刘慈欣的小说中最动人心魄之处。

在为《三体》英文版所写的后记"东方红与煤油灯"中，刘慈欣采取一种上下穿插、循环往复的形式来讲述自己科幻道路的起点（本书第四章提到的《中国太阳》中"镜面农夫"写作的那首诗使用了同样的循环往复视角）。作者思绪在天空与大地之间的徘徊，构成了这篇文章的基本框架。第一、二段"上升"，回忆 1970 年中国第一颗人造卫星"东方红一号"给自己带来强烈的好奇与向往；第三段"下降"，写当时地面上自己的腹中饥饿与"村中的破旧的茅草房中透出煤油灯昏暗的光"；第四段再"上升"，写人造卫星让幼年的刘慈欣觉得满天群星离自己很近；第五段又"下降"，写父母在煤矿的工作和"文革"中武斗的枪声；第六段再度"上升"，写自己阅读《十万个为什么》天文卷，被那些超出人类感官范围的极大与极小尺度震撼；第七段又"下降"，写到"就在我被光年所震撼的那一年"，河南驻马店 58 座水坝坍塌的惨烈景象。刘慈欣总结道："就这样，人造卫星、饥饿、群星、煤油灯、银河、'文革'武斗、光年、洪灾……这些相距甚远的东西混杂纠结在一起，成为我早年的人生，也塑造了我今天的科幻小说。"[24] 这种上升与下降、远方与近处相穿插的写法看似缺少章法，其实别有深意：它呈现出一个统一、融合的世界观，曾一度被自命精英的启蒙知识人独立出来的科学领域重新恢复了与生活世界的联系，从"勒皮他"式的"飞岛"下降到了真实的大地之上。

"先锋队"：科幻的中国经验

上一节已经论及，刘慈欣集中处理的问题之一是：当力量对比悬殊之时，弱何以胜强？他的小说注意到具有"游击队员"品性的第三世界知识人在反抗殖民战争中的重要作用。但另一忧虑是：如何防止科学技术水平的高低成为判断文明水准的标准，进而使技术落后的文明丧失生存的合理性？这一逻辑正是资本主义国家向第三世界殖民扩张的根本逻辑。反过来讲，它也正是《三体》中地球三体组织成员轻易臣服于三体星人的逻辑。鲁迅当年在《破恶声论》中就批判过这种"崇强国""侮胜民"的"第二等兽性爱国"逻辑，如果以推崇霸权的方式去反抗霸权，依然摆脱不了"奴子性"。真正有效的反抗，应该是如何自立于自己的"本根"[25]，也就是说，如何扎根于脚下这片"大地"。

人们很容易注意到，"中国"在刘慈欣的小说中有着重要地位：《三体2：黑暗森林》中的罗辑、《诗云》中的李白、《乡村教师》中的中国乡村教师拯救了地球；《中国太阳》中的中国农民水娃飞向外太空；《三体2：黑暗森林》中的章北海强调在战争中"思想政治工作先行"，并批判因"技术崇拜和技术制胜论"而产生的"失败主义"与"逃亡主义"，简直就是《论持久战》的翻版。甚至在《光荣与梦想》中，西亚共和国运动员辛妮也是在成千上万名中国人的鼓舞中跑向终点。刘慈欣本人更是声言，只有中国的土地才能孕育出最美的科幻小说："我坚信，最美的科幻小说应该是乐观的……反乌托邦三部曲已经诞生，我们应该从中国的土地上创造出科学的乌托邦三部曲。这个使命可能只能由中国人完成，因为同西方文化相比，中华文化是乐观的文化！"[26]这段话中要注意的，除了"中国"，或许还有"土地"。

　　"中国的土地"在刘慈欣的科幻中不仅是背景和元素，更赋予了他笔下人物敢于挑战强敌的自信。回到前文关于第三世界何以面对资本主义国家自立的问题，毛泽东在1970年同坦桑尼亚政府代表团和赞比亚政府代表团谈话时给出了一个答案：

　　　　要破除迷信，不要迷信那个什么帝国主义。当然，我不是说帝国主义国家的人民都要反对，也不是说帝国主义国家的技术不可以学习，而是说对帝国主义的政治的迷信，对它们那套欺骗，要破除。[27]

　　毛泽东继续指出，以氢弹、原子弹、飞机到处占领的办法，是

"老牌帝国主义英国的办法"，而英国现在"比较乖乖的了"。帝国主义的侵略战争是"老牌"的，新兴的力量在于"第三世界"，因此，"帝国主义怕第三世界"。其中颠倒旧有统治结构的志气与对于自身力量的自信，正与刘慈欣相合。而刘慈欣早在创作于1989年但从未出版的小说《中国2185》中就对毛泽东有过致敬。

在《地铁》等小说中，刘慈欣的同龄人韩松讲述的是科技使人异化的反面乌托邦故事。相比之下，刘慈欣的"科学"理念则接近于更早的一代人。在叶永烈1977年发表的轰动一时的科幻小说《世界最高峰上的奇迹》中，为从恐龙蛋中复活恐龙起到关键作用的人物不是科学院的专业科学家，而是青年玉石雕刻女工、有40多年孵鸡经验的老贫农和翻身藏族农奴。这些人不是从科学知识的推演，而是从其日常工作的经验中获得启迪。类似的情节出现在刘慈欣的《中国太阳》中，农民工水娃凭借擦高层建筑外墙的技艺，代替专业宇航员进入太空。根据莫里斯·迈斯纳的分析，破除体脑劳动的分界、将农民视为创造力的源泉，正是毛泽东主义的乌托邦特色所在。[28] 刘慈欣和叶永烈同样坚信，底层民众中有着不输于学院科学家的智慧潜力。

二者的共同点更在于，都在反面乌托邦盛行的时代依然对科学抱有乐观主义态度。叶永烈的创作经历关联着中国科幻在20世纪七八十年代之交从积极转向消极的重要转折点。他的作品《世界最高峰上的奇迹》发表后，曾被《中国青年报》"科普小议"栏目以"违反科学"名义持续诘难。在1983年的"清除精神污染"运动中，以叶永烈的《黑影》为代表的科幻作品更被称为

"伪科学"和"散布怀疑和不信任"。在这一时期,中国科幻小说跌入谷底,一度被称为从舞台上悄然退场的"灰姑娘"。[29] 叶永烈遭到批判的原因,与20世纪七八十年代之交中国的意识形态转型使"科学"的内涵发生变化有关。20世纪80年代的变迁之一,是毛泽东主义所携带的乌托邦梦想被推至无比遥远的未来。"客观规律"在20世纪50—70年代原本意味着一种历史必然性的保证,允诺人们可以通过积极的行动抵达乌托邦。而到了20世纪80年代,它们则成了"一种警告,提醒人们客观规律总是严格地限制着人们的行动和社会变动的可能性"[30]。因此,"科学"的内涵也从一种通往未来的积极可能性,变为一种束缚着人类行动的"客观规律"。在这一主导逻辑之下,叶永烈的科幻作品因为幻想过多而被视为"伪科学"。然而,从20世纪60年代就开始创作的叶永烈却认为自己的作品中幻想成分还不够,"要以未来的眼光看待科幻"[31]。

刘慈欣与叶永烈都继承了来自20世纪50—70年代的对人民潜能的信心和乐观主义精神,但其内涵并不完全相同。在叶永烈的《世界最高峰上的奇迹》中,翻身工农的智慧高过专业科学家,这是对于启蒙主义理念中精英与大众关系的激进翻转,但也显得有些虚假。后革命时代的刘慈欣从未普遍地认定哪一群人的智慧一定高于另一群人,而是借用革命年代的经验,书写如何打破已有强弱关系的问题。在《三体》系列中,刘慈欣首先讽刺了臣服于三体强力的地球三体组织成员和那些被吓垮的"逃亡主义者",但同时也为比尔·希恩斯在人类大脑内强行植入胜利主义

"思想钢印"的行为安排了失败的结局。这意味着，弱者需要在强敌面前保有勇气，但这种勇气应当建立在打破"强者迷信"和对自身潜力的自信之上，而非盲目乐观。其次，他还为地球人与三体人的对抗安排了一组感人至深的抗争者形象：为人类谋划深远的"未来史学派"、章北海、老科学家丁仪、在孤独中履行执剑人任务的罗辑、送出自己的大脑之后又冒着危险为地球人传递情报的云天明……人类被宣告末日之后的反应有很多种，但真正被三卷本长篇《三体》系列推向前景的，是这一小群人为了守护地球进行的反复、坚定的抗争：对"反面乌托邦"的反抗，或许正是最具有乌托邦精神的英雄行为。

于是，我们在阅读刘慈欣时之所以会产生那种熟悉而陌生的感受，正因为这一小群人其实是在全新环境中出现的、我们在中国历史中反复阅读过的高贵人物——"先锋队"。

> 这种先锋分子是胸怀坦白的，忠诚的，积极的与正直的；他们是不谋私利的，唯一地为着民族与社会的解放；他们不怕困难，在困难面前总是坚定的，勇往直前；他们不是狂妄分子，不是风头主义者，而是脚踏实地富于实际精神的人们。他们在革命的道路上起着向导的作用。[32]

在《三体》之前，《混沌蝴蝶》和《光荣与梦想》中为了祖国独立死而后已的亚历山大和辛妮也是这样的先锋队。而《三体》中，作者将先锋队的作用从民族解放战争放大到地球文明存亡绝续的尺度，则试图表明：先锋队的精神不只限于一时一地，而是具有真正的普遍性。正是刘慈欣科幻中内蕴的这段中国独立与解放的历史与精神，成就了其真正的反叛性，也是它们能够打动众多读者的根本原因。

如果我们意识到，上面这段关于"先锋队"的论述出自毛泽东 1937 年在陕北公学纪念鲁迅逝世一周年大会上的讲话《论鲁迅》，刘慈欣科幻写作的意义将变得更加意味深长。《论鲁迅》的开头写道，"我们陕北公学主要的任务是培养抗日先锋队的任务"，然后以鲁迅作为一个典范、一个"给革命以很大的助力"的"民族解放的急先锋"进行阐述。文化教育的意义，正在于树立可以仿效的典范。通过学习，那些有潜能的人成为新的先锋队，承担起维护共同体和传承文明的责任。我们可以将刘慈欣的科幻写作也视为这样一种文化教育的方式：不是直接灌输知识，而是一种对于趣味、视野和心性的培育与训练。刘慈欣所说的科幻能使人"超越自恋"，克服麻木感，通过惊奇产生对理想社会的不断向往，都指向这样的功能。《中国太阳》中，没有霍金在太空中与农民工水娃的交谈，水娃也就不会有后来探索太阳系外宇宙的愿望。《乡村教师》里即使贫病交加也要向乡村孩子讲授牛顿三大定律的教师，体现的也是这样的精神。

"星辰大海"与"落地"的幻想

当这一代读着科幻的年轻人喊出"我们的征途是星辰大海"

时，他们所期待的是科技能为他们打开更广阔的空间。但在这种
有关太空探索的热情之中，也危险地夹杂着一丝西方海洋时代的
殖民意识。而刘慈欣关于科技的想象却是服务于"大地"的。《三
体》中有一段著名的情节，叶文洁的外公曾陪同爱因斯坦在上海
南京路散步，并与一个砸石子的贫穷男孩相遇。听说这个男孩一
天只能挣5分钱，爱因斯坦默默无语。叶文洁的外公日后回忆起
这件事时，发出了这样的感叹："在中国，任何超脱飞扬的思想
都会砰然坠地的，现实的引力太沉重了。"[33] 这正是对于第三世界
文化状况的感叹。这种科学的"落地"性源自危机重重的近现代
中国史，与"中国崛起"时代"星辰大海"式的想象有着明显的
差异。"落地"的"科学"也许不够"纯粹"，但这同时也意味着，
在启蒙主义式的"超脱飞扬"之外，中国科学还对我们的具体生
活世界和存在方式、对我们的"大地"有着特殊的关怀。

这种关怀"大地"的科学观念，是否在今日已然失效？在
"刘慈欣热"中，《三体》系列的"黑暗森林法则"是在科技、金
融，乃至国际关系界引发最多讨论的情节。这一关于冲突永恒的
理论之所以深入人心，其实是重复了霍布斯在《利维坦》中早已
有过的、人类在天性上就互相冲突的"自然社会"判断。刘慈欣
大部分作品都在描绘这种争斗与混乱的场景，因此在根本意义上
具有对人类文明的寓言性。面对这一难题，刘慈欣并未寄希望于
以强力进行解决，而是从第三世界反抗殖民侵略的艰难历史中借
镜，试图开出解决混乱的药方。刘慈欣科幻的厚重情怀来自第三
世界知识人反抗殖民侵略、守护乡土的"游击队员"品性，抗争

的豪情则可追溯到中国在第三世界独立运动中的先锋队位置。科幻文学对主流文学的挑战，在于打破了"人学"的范畴，从而有可能洞见启蒙主义观念所携带的普遍性霸权。刘慈欣的科幻，则进一步通过对第三世界经验的创造性容纳，帮助后革命时代的我们想象资本主义之外的另一个世界、另一条道路和另一种普遍性。这样的科学幻想当然不仅服务于"落地"，它更服务于"大地"的"上升"，服务于人类文明的未来道路。

结　语　说"土"论"洋"

　　"中国乡土的现代性想象"是这本小册子的副书名。然而，我并未在全书开头给它下一个详细的定义，而是在中国近代以来遭遇现代、追逐现代、创造现代的历史中选择几组案例进行考察。它们源自我从硕士阶段至博士一年级期间对于一些具有相似主题的问题的思考。正如"现代性"首先与人类经验感受的转变相关，"中国乡土的现代性"首先也不应当被定义，而是在中国人的经验变迁中、在一个个鲜活的案例中呈现其自身的特殊品质。但在主体部分结束之后，我突然意识到，"中国乡土的现代性想象"这一命题其实暗藏着与我十分敬重的三位前辈学者提出的著名命题进行对话的可能，或者也可以说，这是从他们提出的著名命题中延伸出来的一点心得。下面，我想分别通过这三位学者来为"中国乡土的现代性想象"之理论指向做出阐释。

　　第一位是李欧梵先生。

　　"乡土现代性"之反面，正是李欧梵先生提出的著名命题——"上海摩登"。我在本科阶段接触"现代性"理论之初，研读的第一本著作正是李欧梵先生的名作《上海摩登——一种新都市文化在中国 1930—1945》。这本书或许也是我们这一代年轻人进入"现代性"讨论的入门书。《上海摩登》所讨论的时间段，恰巧与本书前两章相吻合。

是什么使得上海成为"现代"？《上海摩登》的回答是：西方人的进入带来了现代的都市生活设施。中国人欢迎这种以"机械化"形式到来的现代，这使他们可以既拥抱"现代"，又不至于丧失自己的国族主体位置。在"百货大楼"一节中，李欧梵先生引用了 1934 年英文杂志《中国观察》上的一篇文章。

> 一般的西方人倾向于认为上海是有些原始的，如果不说半开化的话。（在西方人心目中）这个城市往往与手推车和帆船等类的发展联在一起。但令新来者吃惊的是，他们会看到最新款式的劳斯莱斯驶过南京路，停在堪与牛津大道、第五大街、巴黎和平大道上的百货公司媲美的商店门前！……谁能说在把"大上海"建得"更大"时，百货大楼没有出它的一份力？ [1]

我之所以引用这段材料，是因为其中前两句惊人地道出了本书前两章所希望超越的逻辑。西方人将上海视为"原始"和"半开化"之地，自然，上海会视中国内地为更"原始"的地区。这种从西方输入的文明等级观念同时也被本书第一章中所讨论的范长江、陈学昭和当时大部分中国人持有。西方人对于上海的"原始"印象来自"手推车和帆船"等技术上的落后，而在关于"黄河"形象的案例中，日本人佐藤弘正是将黄河上的木船和皮筏视为"舟楫不便""机能低劣"的象征。只有在看到"最新款式的劳斯莱斯"和"与牛津大道、第五大街、巴黎和平大道上的百货公司媲美"的百货商店时，上海才显现为一个"现代"的形象。这样的"现代"建立在对于西方现代性的模仿之上，似乎是在讨论后发现代性国家时一个避不开的难题。正如坂井洋史在一篇讨论东方现代文学的文章中所言：中国和日本等现代化起步较晚的东方国家，如果不把从他人那里"借来"的现代性作为根据，"现代文学"便无法成立。他将这个难题视为"东方现代文学"最根本的矛盾。[2] 引申开来，这种"借来的现代性"也是东方国家在"现代性"问题上的根本难题。

　　《上海摩登》里呈现出一种物质的高度丰裕状态：电影院、咖啡厅、跑马场、摩登女郎……它们塑造出一种接近"审美现代性"的感受——颓废、浮纨，或者荒凉。当然，这样的物质形态和感受形态都来自西方。在今天，当我穿行在北京的购物商场里，看到那些以法文和日文伪装成"摩登"的国产品牌时，不禁哑然失笑：当代中国人关于"现代"的想象，依然不出《上海摩登》中所描绘的那个时代。

　　那么，在上海之外，在缺乏这些物质形态和"机械化"的"现代"的地方，是否就不存在"现代"？在一篇关于《上海摩登》的书评中，旷新年以田汉的《三个摩登女性》为例，指出在 20 世纪 30 年代的上海发生着左翼与资产阶级关于"摩登"内涵的斗争。左翼所期待的"摩登女性"不是在形体打扮上追逐"摩登",而是在思想和行动上走在时代尖端。与 1930—1945 年的"上海摩登"几乎同时,在中国内陆和西北地区,在这片受到西方影响最小和"机械化"程度最低的土地上,另有一些人在发现和创造着"现代"的可能。这是这本小册子前两章所讨论的内容。在《红星照耀中国》和《黄河大合唱》的例子里,一种精神品质上的"现代"跃然而出,给这片看似贫瘠荒凉的土地带来了战胜"现代化"程度更高的敌人的信心。

这种"现代"的精神品质如何获得?如果仅仅依靠从西方输入的先进知识的"启蒙",人们将永远无法摆脱启蒙者与被启蒙者之间的等级关系。这与从西方输入物质文明有着同样的效果。但在这两个例子中,中国之"现代"精神品质的获得并非通过"模仿"和"借来"。《红星照耀中国》强调"独立"是"现代"的前提,而《黄河大合唱》则将中国人全新的、现代的精神与自身的文明传统重新关联起来。这种植根于自身传统的、独立的"现代性想象",存在于"上海摩登"之外的另一空间,与那种通过模仿而习得的"现代"截然不同。

在这一部分,我想说的是,现代性不只是"洋",同样也包括"土"。除了上海,在中国西部和内陆农村地区所发生的现代变革同样值得关注。

第二位学者是费孝通先生。

在"中国乡土的现代性想象"这一副书名上,我颇为别扭地使用了"中国乡土"，而非"乡土中国"这个由费孝通先生所发明的、在今日已经十分著名的概念。"乡土中国"是对"中国"性质的一种总概括，"中国乡土"则意味着我所讨论的只是"中国"的一个面向。这一用语上的选择，基于一种对于"乡土中国"概念在后来的学者沿用过程中逐渐刻板化的担忧。在费老的笔下，"乡土中国"有着差序格局、礼治秩序和长老统治等特点，这些理念也日渐深入人心。但人们在使用这些概念时，似乎倾向于将其视为当代中国农村应保持的特点。一旦有所偏差，便成为"现代化"摧毁农村的象征。于是，"乡土中国"成了一个乡愁式的概念，成为那杳不可得的桃花源、理想国。

不过，桃花源式的"乡土中国"似乎并非费老的本意。在《乡土重建》的第一篇文章《中国社会变迁中的文化结症》中，他特别声明，自己只是希望表明传统秩序是与传统社会的性质相配合而存在的，并非要维护传统、返回传统。

> 即使我承认传统社会曾经给予若干人生活的幸福或乐趣，我也决不愿意对这传统有丝毫的留恋。不论是好是坏，这传统的局面是已经走了，去了。最主要的理由是处境已变。在一个已经工业化了的西洋的旁边，绝没有保持匮乏经济在东方的可能。……"悠然见南山"的情境尽管高，尽管可以娱人性灵，但是逼人而来的新处境里已找不到无邪的东篱了。[3]

在《乡土重建》中，费老的态度恰恰是希望中国农村能够突破传统的社会结构和文化秩序，迎接以西洋为代表的工业文明的挑战。他虽然提出了"乡土中国"的概念，但反对回到这种"悠然见南山"的情境之中。因此，他才会在这本书中大力提倡建设乡土工业，批判中国地主阶层与现代工业组织格格不入的"传统性格"。而这样的乡村工业，尽管以"离土不离乡、进厂不进城"的特殊模式极大减少了工业化对于原有社会秩序的冲击，但也必然会为原有的"乡土中国"带来新的变化。在费老那里，"乡土中国"是一个动态的、发展的概念。

当然，"乡土中国"的概念还在另一层意义上被后来者使用。费老在《乡土中国》中开宗明义："从基层上看去，中国社会是乡土性的。"[4] 于是，"土"不仅成了中国农村的代名词，而且成了"中国"的代名词。《乡土中国》中存在着一种中国与西方、传统与现代、农业与工业的对比结构。这就意味着，"乡土中国"是和"现代"绝缘的。于是，"乡土中国"的种种特点有时又被反过来用作对于中国不够"现代"的批评。

这样的问题则涉及 20 世纪 40 年代的中国与当代中国的差异。当代农村问题专家贺雪峰曾指出，《乡土中国》对于中国农村的描述是"既无时间，又无空间"的。"无时间"指的是费老观察的 20 世纪 40 年代的农村还未发生后来的乡村变革，"无空间"指的是《乡土中国》中的中国农村被想象成了一个统一的整体。[5] 这并不是费老的疏漏，而是 20 世纪 40 年代处于变革之前或变革刚刚发生时中国农村的实际情况。当时的大片中国农村还处于"皇权不下县，县下唯宗族，宗族皆自治，自治靠伦理，伦理造乡绅"
的状况中，隔绝于政治和文化的变动之外。然而，这种"无时
间"和"无空间"的"乡土中国"可以作为对 20 世纪 40 年代中
国乡村的一个抽象，却不能作为理解当代中国乡村的一个原点，
不能像某些学者批评的那样——"用对《乡土中国》的阅读替代
了对中国传统或者现实社会的阅读"。[6] 从土地改革、合作化运动
直至包产到户、取消农业税和农民大规模进城，中国农村这种静
止的、"现代"之外的状况得到了改变。这样的改变在费孝通写
作《乡土中国》的 20 世纪 40 年代已有征兆，在 50—70 年代被
尤为强调，在 80 年代之后走上了另外的道路。80 年代的典型文
艺作品将农村视为愚昧的原始地带，却忽略了 50—70 年代在"乡
土中国"基础上进行的大规模现代性变革。而我们之所以能从
《平凡的世界》这样的少数作品中读出中国土地的另一面——"上
升"的一面，与其继承了 50—70 年代中国革命对于农村的特殊
关怀是密切相关的。

　　贺雪峰教授希望将"乡土中国"改写为"新乡土中国"。因
为当代的中国一方面已经是"市场中国"，另一方面依然被"捆
绑在土地上"[7]。如果这样来理解中国的城乡二元结构，我们就会
发现：在城与乡之间既产生着区隔，又产生着无法斩断的联系。
费老曾以乡下人爱给孩子起名"阿根"为例，论述这种人与大地
之间的深厚感情。现在，"阿根"这样的名字显然不常见了，但
这是否意味着当代人彻底丧失了与土地的关联？我们也许身体不
在家乡，却拥有某种"以一身历二世（界）"的感受。一个时下

流行的段子与费老说的"阿根"形成了有趣的对照:"要过年了。上海写字楼里 Linda、Mary、Michael、Justin 将挤上火车回家乡,名字又变成了桂芳、翠花、二饼、狗剩。"Linda 和 Justin 之类的命名,意味着他们与大地之间联系的断绝,而他们在"返乡"时恢复了"桂芳"和"狗剩"的身份,这似乎预示着,人与大地之间的联系其实随时可能被召回。当代人或许并非真的远离了土地,而是在这种城与乡、土地与海洋甚至天空的往返中获得了一种流动的视点——刘慈欣笔下那种"循环往复"的视点。我们既远离土地,又随时被土地牵绊,既是乡土的,又是现代的。如果当代文化中越来越浓烈的"乡愁"没有演化成保守的怀旧,那么,它其实带来了一种重新连接人与大地的可能性。

在这一部分,我想说的是:中国的乡土不是只有"土",而是与"洋"一直紧密地联系在一起。

第三位是刘小枫先生。

某次,我读到了刘小枫先生写给 20 世纪 80 年代的同道友人——女学者萌萌的两篇纪念文章:《萌萌祭:我们都来自土地深处》[8] 和《萌萌的线团:写给萌萌忌辰十周年》[9]。在阅读过程中,我突然被一道火光击中:为何"土地"一词在这两篇文章中出现得如此频繁?

《萌萌的线团:写给萌萌忌辰十周年》是一篇万字长文,其中"土地"字眼出现了 8 次,比如,"我们都来自刚刚经历过大革命的土地深处""脚下真实的土地""来自土地的经历"……《萌萌祭:我们都来自土地深处》一文仅 800 字,"土地"一词竟然也

出现了 8 次："每一代人都有自己出自土地深处的感觉""我们来
自的土地""表达我们的土地感觉""出自土地的感觉"……这显
然是不同寻常的。更重要的是，这两篇文章所追怀的是 20 世纪
80 年代知识人的心路历程。而在我们的日常观念中，20 世纪 80
年代的"文化热"也好，"新启蒙"也好，不是在欧风美雨的浸
润和冲击中诞生的吗？为何刘小枫先生会用"来自土地深处"来
形容一代知识人在 20 世纪 80 年代的思考与行动，而不是用"来
自海洋远处"？如此反复地强调"土地"，是否隐藏着什么微言
大义？

　　以上只是我从一些蛛丝马迹中引发的遐想。既然是"遐想"，
答案自然不得而知。

　　不过，我这本小册子的第五章在讨论到刘慈欣科幻小说中的
"游击队员"这一问题时，曾经从刘小枫先生的《游击队员与中
国的现代性问题》一文中受益良多。游击队员之"依托乡土"和
"守护乡土"的品质，是这篇文章格外着意之处。但与此同时，
刘小枫先生特别强调，游击队员"依托乡土"和"守护乡土"这
一行为已经"内在地包含某种现代性的普世理念"：反资本主义
和反技术理性。也就是说，游击队员对于"乡土"的强调并非前
现代或反现代的，而恰恰是非常现代的诉求。更有意思的是，这
篇长文的末尾突然从战争跳转到知识界，指出：最早的游击队员
是文人，真正延续中国第一代游击队员的政治品质的人是 20 世
纪五六十年代的青年学生。[10] 于是，这一番对于"游击队员"精
神的论述就转化为对于知识人的论述。将这样的论断与两篇怀念

萌萌的文章相对照，则似乎可以引申出一个特别的结论：在优秀的知识人那里，有关"土地"和有关"现代"的思考是一体的。即使看起来无比"现代"的主张，其背后的原动力依然是我们来自"土地"的感觉、对于"土地"的关怀。如果只以"海洋文明"的影响来理解 20 世纪 80 年代中国发生的思想文化变革，或许遮盖了其中更为核心的部分。刘慈欣那种与"土地"（而非"星辰大海"）联系更紧密的科幻，也可以如是观。

在这一部分，我想说的是：哪怕经历了 20 世纪 80 年代的"新启蒙"，在中国的现代性历程中，除了从西方借镜的"海洋现代性"，一种诞生于"土地"、关怀着"土地"的现代性思考同样是不可忽视的。

如果说，这本书主体部分的 5 个章节展现出的是 5 组有关"中国乡土的现代性想象"的历史经验和文化经验，那么，在这最后的结语中，我试图讲述的是自己有关这一主题的理论阅读经验。就"中国乡土的现代性想象"而言，它包含着三个面向："现代性"不只发生在都市，更发生在乡土；乡土不光有"土"，更有"现代"；中国的现代性历程中一直包含着对于"乡土"的关怀，哪怕在 20 世纪 80 年代的"新启蒙"之后依然未曾断绝。无论是历史经验、文化经验还是理论阅读经验，它们都揭示出"大地"的内涵远比我们想象中丰富。在古老的希腊神话里，巨人安泰俄斯只要身体不离开大地，就会不断从自己的母亲——大地女神盖亚那里获取力量，从而变得不可战胜。当被赫拉克勒斯举离地面，安泰俄斯就因失去了大地母亲的庇护而遭扼死。而另一个中国的故事则与之形成对照，《史记·封禅书》记载，"黄帝采首山铜，铸鼎于荆山下。鼎既成，有龙垂胡髯下迎黄帝"，于是黄帝乘龙升天而去。希腊神话中的安泰俄斯是大地之子，中国传说中的黄帝也与中国土地有着密切的关系，在"五德终始说"中被视为继承了"土德"。然而，安泰俄斯终因离开大地而死，黄帝虽代表着大地却依然能飞升，这似乎暗示着西方与中国在"大地"观念上一种有趣的差异。今天，在这个看似由海洋甚至天空占据主导位置的时代，"大地"其实依然向我们提供着宝贵的滋养。愿它永远引领我们上升。

注 释

导 言

1 陈逸飞:《既英雄又浪漫》,《新民晚报》,1997 年 1 月 11 日。

2 雷蒙·威廉斯:《乡村与城市》,韩子满、刘戈、徐珊珊译,北京:商务印书馆,2013 年版,第 391 页。

3 埃德加·斯诺:《红星照耀中国》,董乐山译,北京:三联书店,2016 年版,第 26 页。

4 林国基:《中译本序言》,收于施米特:《陆地与海洋——古今之"法"变》,林国基、周敏译,上海:华东师范大学出版社,2006 年版,第 13 页。

5 施米特:《游击队理论——"政治的概念"附识》,朱雁冰译,收于《政治的概念》,上海:上海人民出版社,2014 年版,第 155 页。

6 同上,第 158 页。

7 尼采:《扎拉图斯特拉如是说:一本为所有人又不为任何人所写之书》,黄明嘉、娄林译,上海:华东师范大学出版社,2008 年版,第 35 页。

第一章

1 李鸿章:《大学士直隶总督李鸿章奏议覆总理各国事务衙门详议海防折》,收于李书源编:《筹办夷务始末(同治朝)》第 10 册,北京:中华书局,2008 年版,第 3987 页。

2　罗志田:《科举制的废除与四民社会的解体——一个内地乡绅眼中的近代社会变迁》,收于《权势转移:近代中国的思想与社会》,北京:北京师范大学出版社,2014 年版,第 53—80 页。

3　汪晖:《现代中国思想的兴起·第二部:帝国与国家》,北京:三联书店,2008年版,第 603—608 页。

4　李零:《革命笔记——从中国地理看中国革命》,收于《我们的中国》第四编《思想地图——中国地理的大视野》,北京:三联书店,2016 年版,第 215 页。

5　汪晖:《革命、妥协与连续性的创制(代序言)》,收于章永乐:《旧邦新造:1911—1917》,北京:北京大学出版社,2011 年版,第 7—14 页。

6　宋子文:《建设西北——廿三年四月二十七日在西安民众园欢迎大会演讲》,《中央周报》1934 年第 309 期。

7　关于 20 世纪 30 年代国民政府的西北开发活动,参见申晓云:《抗日战争时期国民政府的西北开发》,《浙江大学学报(人文社会科学版)》2007 年第 5 期;沈社荣:《30 年代国民政府的西北战略意识》,《宁夏大学学报》1999 年第 3 期。

8　宋子文:《建设西北——廿三年四月二十七日在西安民众园欢迎大会演讲》,《中央周报》1934 年第 309 期。

9　范长江:《中国的西北角》,收于《范长江新闻文集》上册,北京:新华出版社,2001 版,第 123—124 页。

10　关于国民政府时期"西北"所指称的范围,王荣华在《危机下的转机——国民政府时期的西北经济开发研究》(南京大学博士论文,2014 年)第 1—9 页所列文献和表格中有详细介绍。当时对于"西北"没有严格的范围界定,王荣华选择了国民政府统治下的陕西、甘肃、宁夏、青海和新疆五省作为讨论对象。此五省也是时人讨论"西北"时较有共识的区域。虽然当时仍有不少说法将陕西排除在"西北"之外,但在本章讨论的 20 世纪 30 年代,陕西因共产党根据地的转移而成为西部万众瞩目的地区,范长江、陈学昭和斯诺三人的作品中都对陕西十分关注,所以本章所讨论的"西北中国"包含陕西。此外,因为范长江和陈学昭的写作还涉及四川和西藏等地,所以本章有时也采用"西部中国"一词进行整体指代。

11　陈学昭：《延安访问记》，收于《陈学昭文集》第三卷，杭州：浙江文艺出版社，1998 年版，第 3 页。

12　埃德加·斯诺：《红星照耀中国》，董乐山译，北京：三联书店，2016 年版。本版收录的是董乐山在 1979 年根据英国戈兰茨公司 1937 年版 *Red Star Over China* 所翻译的版本。

13　范长江常强调"我们东方人"，陈学昭常强调"我们江浙人"，前者在彭春凌的论文《"另一个中国"的敞开——大众媒体的西部行记（1935—1937）》中已有提及，见《北京大学学报（哲学社会科学版）》2010 年第 1 期。

14　吴晓东：《郁达夫与中国现代"风景的发现"》，《中国现代文学研究丛刊》2012 年第 10 期。

15　郁达夫：《杭江小历纪程》，收于《屐痕处处》，上海：复兴书局，1936 年版，第 2 页。

16　同上，第 14 页。

17　同上，第 15 页。

18　范长江：《中国的西北角》，收于《范长江新闻文集》上册，第 210 页。

19　同上，第 127 页。

20　同上，第 164 页。

21　同上，第 113—114 页。

22　同上，第 104 页。

23　福泽谕吉：《文明论概略》，北京编译社译，北京：商务印书馆，1960 年版，第 114 页。

24　范长江：《塞上行》，收于《范长江新闻文集》上册，第 438 页。类似的观点也出现在同书第 487 页。

25　曾玛莉：《经济民族主义：30 年代国民党国家的经济建设计划》，收于卜正民、施恩德编：《民族的构建：亚洲精英及其民族身份认同》，陈城等译，长春：吉林出版集团有限责任公司，2007 年版，第 146—182 页。

26　范长江：《中国的西北角》，收于《范长江新闻文集》上册，第 111 页。

27　范长江：《岷山南北剿匪军事之现势》，收于《范长江新闻文集》上册，第 305 页。

28 范长江:《中国的西北角》,收于《范长江新闻文集》上册,第 254 页。

29 同上,第 112 页。

30 同上,第 114 页。

31 陈学昭:《延安访问记》,收于《陈学昭文集》第三卷,第 4 页。

32 同上,第 157—158 页。

33 同上,第 182 页。

34 同上,第 80 页。

35 同上,第 83 页。

36 同上,第 111 页。

37 同上,第 116 页。

38 同上,第 265—266 页。

39 程巍:《城与乡:19 世纪的英国与清末民初的中国》,《中华读书报》2014 年 7 月 16 日。

40 陈学昭:《延安访问记》,收于《陈学昭文集》第三卷,第 157 页。

41 这种对于"东方主义"两面性的分析,参见柄谷行人:《美学的效用——〈东方学〉之后》,收于《民族与美学》,薛羽译,西安:西北大学出版社,2016 年版,第 115—132 页。

42 陈学昭:《延安访问记》,收于《陈学昭文集》第三卷,第 160 页。

43 同上,第 159—160 页。

44 同上,第 273 页。

45 王国斌:《两种类型的民族,什么类型的政体》,收于《民族的构建:亚洲精英及其民族身份认同》,第 128—145 页。

46 贺桂梅:《革命与"乡愁"——〈红旗谱〉与民族形式建构》,《文艺争鸣》2011 年第 7 期。

47 陈学昭:《延安访问记》,收于《陈学昭文集》第三卷,第 242 页。

48 同上,第 242—243 页。

49 范雪:《到陕北去:燕京大学学生对斯诺〈红星照耀中国〉的翻译与接受》,《文艺理论与批评》2016 年第 4 期。

50 埃德加·斯诺:《红星照耀中国》,第 46 页。

51 同上，第 53 页。

52 同上，第 64 页。

53 霍布斯:《利维坦》，黎思复、黎廷弼译，北京：商务印书馆，1985 年版，第 95 页。

54 埃德加·斯诺:《红星照耀中国》，第 4 页。

55 亚里士多德:《尼各马可伦理学》，廖申白译注，北京：商务印书馆，2003 年版，第 32 页。

56 埃德加·斯诺:《红星照耀中国》，第 26 页。

57 同上，第 382 页。

58 同上，第 52 页。

59 刘禾:《跨语际实践：文学，民族文化与被译介的现代性（中国：1900—1937）》第二章"国民性话语质疑"，北京：三联书店，2008 年版，第 73—109 页。

60 埃德加·斯诺:《红星照耀中国》，第 122 页。

61 马克斯·韦伯:《儒教与道教》，王容芬译，北京：商务印书馆，2004 年版。

62 埃德加·斯诺:《红星照耀中国》，第 26 页。

63 贾鸿雁:《中国游记文献研究》，南京：东南大学出版社，2005 年版，第 112 页。

64 范长江:《中国的西北角》，收于《范长江新闻文集》上册，第 134 页。

65 刘禾:《跨语际实践：文学，民族文化与被译介的现代性（中国：1900—1937）》第二章"国民性话语质疑"，第 83—85 页。

66 上海复社版《西行漫记》是《红星照耀中国》当时影响最大的译本，在胡愈之的主持下以"复社"的名义出版，在当时的政治环境下为了隐晦而采用"西行漫记"的题目。胡愈之指出，在范长江《中国的西北角》之后，"西"或"西北"已经成了共产党所在地的代称，因而采用了"西行漫记"的书名。胡愈之:《一次冒险而成功的试验——一九三八年"复社"版〈西行漫记〉翻译出版纪事》，《读书》1979 年第 1 期。

第二章

1 唐小兵:《聆听延安:一段听觉经验的启示》,《现代中文学刊》2017 年第 1 期。

2 同上。

3 冼星海:《我怎样写〈黄河〉》,收于《冼星海全集》第一卷,广州:广东高等教育出版社,1989 年版,第 37 页。

4 郭沫若:《序〈黄河大合唱〉》,收于《郭沫若全集(文学编)》第二十卷,北京:人民文学出版社,1992 年版,第 263 页

5 《〈生产大合唱〉座谈会记录》,收于《冼星海专辑(一)》,北京:中央音乐学院中国音乐研究所,1962 年版,第 198 页。

6 王晓吟:《王匡:延安纪事》,收于《父辈的抗战往事》,广东省档案馆编,广州:花城出版社,2015 年版,第 5—6 页。

7 唐小兵:《我们怎样想象历史(代导言)》,收于《再解读:大众文艺与意识形态(增订版)》,北京:北京大学出版社,2007 年版,第 6 页。

8 在 2015 年国家新闻出版广电总局发布的"我最喜爱的十大抗战歌曲"网络投票中,《黄河大合唱》获得第四名,排在前三的依次是《义勇军进行曲》《没有共产党就没有新中国》《团结就是力量》,《大刀进行曲》排在第五。http://culture.people.com.cn/n/2015/0826/c87423-27520552.html。

9 冼星海:《论中国音乐的民族形式》,收于《冼星海专辑(一)》,第 59 页。

10 李凌:《发扬聂耳、冼星海的战斗传统》,收于《音乐漫谈(增订版)》,北京:人民音乐出版社,1983 年版,第 181 页。

11 光未然:《文艺的民族形式问题》,收于《文学的"民族形式"讨论资料》,徐迺翔编,北京:知识产权出版社,2010 年版,第 219—220 页。

12 罗蒂塞:《前记》,收于冼星海、张曙、塞克、罗蒂塞编:《抗战歌曲集》,上海:上海生活书店,1938 年版,第 1 页。

13 《国难》,收于《抗战歌曲集》,第 1 页

14 《九一八纪念歌》,收于《抗战歌曲集》,第 2 页。

15 《打江山》,收于《抗战歌曲集》,第 62 页。

16 《干!干!干!》,收于《抗战歌曲集》,第 75 页。

17 吕骥:《伟大而贫弱的呼声》,收于吕骥编:《新音乐运动论文集》,哈尔滨:

新中国书局，1949 年版，第 17 页。

18 《生产大合唱》在 20 世纪 50 年代由紫光改词，由工人出版社于 1950 年出版。
塞克的《生产大合唱》歌词以《生产运动大合歌》之名收录在 1993 年出版
的《吼狮——塞克文集》中，带有五线谱乐谱的《生产大合唱》则收录在
《冼星海全集》第三卷中。本文引用的歌词即出自《吼狮——塞克文集》中
的《生产运动大合歌》，黎舟、王昭编，北京：文化艺术出版社，1993 年版。

19 在《唤醒中国：国民革命中的政治、文化与阶级》一书的中文版序中，作者
费约翰直接将"起来""醒起来、站起来、飞起来"等修辞与"觉醒"和"唤
醒"等命题联系在一起。[澳] 费约翰：《唤醒中国：国民革命中的政治、文
化与阶级》中文版序，李恭忠、李雪风译，北京：三联书店，2004 年版，第
1—2 页。

20 费约翰：《唤醒中国：国民革命中的政治、文化与阶级》，第 62—64 页。

21 本文引用的《黄河大合唱》歌词全部出自《张光年文集》第一卷，北京：人
民文学出版社，2002 年版，第 24—42 页。以下不再一一注释。

22 光未然：《〈黄河大合唱〉的诞生》，收于《黄河大合唱纵横谈》，北京：新华
出版社，1999 年版，第 22 页。

23 冼星海：《我怎样写〈黄河〉》，收于《黄河大合唱纵横谈》，第 3—4 页。

24 邬析零：《〈黄河大合唱〉的孕育、诞生及首演》，收于《黄河大合唱纵横
谈》，第 26—27 页

25 同上，第 42—43 页。

26 康德：《判断力批判》，邓晓芒译，北京：人民出版社，2002 年版，第 100 页。

27 吕骥：《伟大而贫弱的呼声》，收于《新音乐运动论文集》，第 17 页。

28 《〈生产大合唱〉座谈会记录》，收于《冼星海专辑（一）》，第 203 页。

29 同上，第 204 页。

30 《拉犁歌》，收于《抗战歌曲集》，第 77 页。

31 《耕农歌》，收于《抗战歌曲集》，第 79 页。

32 《生产运动大合歌》，收于《吼狮——塞克文集》，第 134 页。《冼星海全集》
中所收的《生产大合唱》稍有不同，《春耕》一场开头的劳动号子部分所配
演唱说明是"沉着、忍耐"，"你流血，我流汗，前方后方拼命干"之后则转

入"有力地"，但两个版本中劳动号子部分的唱法都需要"忍耐"。

33　《黄河大合唱（在延安创作初稿）》，收于《冼星海全集》第三卷，第117—120页。

34　严良堃：《我与〈黄河大合唱〉六十年》，广州：广东人民出版社，2006年版，第26页。

35　邬析零：《〈黄河大合唱〉是怎样诞生的》，收于《冼星海专辑（四）》，北京：中国艺术研究院音乐研究所，1982年版，第62页。

36　戴维·艾伦·佩兹：《黄河之水：蜿蜒中的现代中国》，姜智芹译，北京：中国政法大学出版社，2017年版，第93页。

37　佐藤弘：《黄河之风土的性格》，《北平近代科学图书馆》1938年第5期。其中，"不是没有舟楫之便自不待言"一句，经查考，日文版原文为"勿論、舟楫の便はないことはなく、……"，翻译成"当然，舟楫之便也不是绝对不行，……"更为清楚妥当。这篇文章的日文版收录于佐藤弘：《時局と地理學》，东京：古今书院，昭和14年（1939年）版，第1—14页。

38　钱穆：《水利与水害（上篇：论北方黄河）》，收于《古史地理论丛》，北京：三联书店，2014年版，第249页。

39　同上，第249—262页。

40　1935年第2期《中国漫画》上即有华洋义振会的文章《黄河之水天上来》，讨论当时治理黄河的无效，文末附有大字"黄河之水天上来"，并配以"千万哀鸿，延颈待命""天将此奇灾，遭难者千万，啼饥震野，哀抢彻天"等字样。仁：《黄河之水天上来》，《中国漫画》1935年第2期。杜重远发表于《新生》1935年第2卷第11期的文章《黄河之水天上来》和丁晓先发表于《新少年》1936年第1期的文章《黄河之水天上来》都是讨论黄河水灾的文章。

41　青青：《黄河，流吧！》，《中国诗坛》1938年第2卷第4期。

42　海燕：《怒吼吧，黄河》，《战时知识》1938年第2期。

43　剑虹：《伟大的黄河》，《抗战青年半月刊》1938年第1期。

44　池城：《黄河》，《民族诗坛》1938年第2卷第2辑。

45　田冲：《时代的颂歌——忆星海同志写〈黄河颂〉》，收于《黄河大合唱纵横谈》，第 62 页。

46 同上，第 61 页。

47 吴雪杉：《血肉做成的"长城"：1933 年的新图像与新观念》，《文艺研究》
2015 年第 1 期。

48 蒂莫西·C. W. 布莱宁：《浪漫主义革命：缔造现代世界的人文运动》，袁子奇
译，北京：中信出版社，2017 年版，第 158—181 页。

49 "四渎"包括江、河、淮、济。"四渎"之名见于《仪礼·觐礼》和《礼记·王
制》。根据《汉书》卷二五下《郊祀志下》，到汉宣帝年间"五岳、四渎皆有
常礼"，标志着中国古代王朝国家祭祀中五岳四渎之祭作为一种制度稳定下
来。田天：《秦汉国家祭祀史稿》第 4 章第三节"五岳四渎的成立"，北京：
三联书店，2015 年版，第 297—327 页。

50 冼星海：《创作杂记》，收于《冼星海专辑（一）》，第 159 页。

51 唐守荣、杨定抒编：《国统区抗战音乐史略》，重庆：西南师范大学出版社，
1996 年版，第 81 页。

52 对于国民党黄帝祭祀的相关论述，见李俊领：《仪式政治——陕甘宁边区政
府对黄帝与成吉思汗的祭祀典礼》，收于《中共历史与理论研究》第 2 辑，北
京：社会科学文献出版社，2015 年版，第 78—96 页。王旭瑞：《历史之为记
忆：黄帝祭祀的流变》，《社会科学评论》2007 年第 2 期。

53 根据李俊领的研究，黄帝陵所在地原名中部县，1944 年由南京国民政府政务
院改名黄陵县，共产党直到 1948 年 3 月才解放了黄陵县。李俊领：《仪式政
治——陕甘宁边区政府对黄帝与成吉思汗的祭祀典礼》，收于《中共历史与
理论研究》第 2 辑，第 92—93 页。

54 邬析零：《〈黄河大合唱〉的孕育、诞生及首演》，收于《黄河大合唱纵横
谈》，第 24 页。

55 田天：《秦汉国家祭祀史稿》，第 276 页。

56 闻黎明：《抗日战争时期的中国第三种政治力量》，《抗日战争研究》1998 年
第 2 期。

57 茅盾：《延安行》，收于《茅盾全集（35）：回忆录二集》，北京：人民文学出
版社，1997 年版，第 352 页。

58 《"黄河大合唱"演出座谈会摘录》,《新音乐月刊》1941 年第 3 卷第 1 期。

59 陈学昭:《延安访问记》,收于《陈学昭文集》第三卷,第 231—247 页。

60 冼星海:《鲁艺第三期音乐系》,收于《冼星海专辑(一)》,第 126 页。

61 瓦尔特·本雅明:《机械复制时代的艺术作品》,收于《启迪:本雅明文选(修订译本)》,张旭东译,北京:三联书店,2012 年版,第 263 页。

62 冼星海:《鲁艺与中国新兴音乐》,收于《冼星海专辑(一)》,第 53—54 页。

63 沈松侨:《我以我血荐轩辕——黄帝神话与晚清的国族建构》,收于许纪霖编选:《现代中国思想史论》,上海:上海人民出版社,2014 年版,第 253—306 页。

64 茅盾:《延安行》,收于《茅盾全集(35):回忆录二集》,第 352—353 页。

65 同上,第 353 页。

66 李凌:《发扬聂耳、冼星海的战斗传统》,收于《音乐漫谈(增订版)》,第 181 页。

第三章

1 路遥:《致阎纲》,收于《早晨从中午开始》,北京:北京十月文艺出版社,2012 年版,第 589 页。

2 特里·伊格尔顿:《文学阅读指南》,范浩译,郑州:河南大学出版社,2015 年版,第 8 页。

3 路遥:《平凡的世界(第一部)》,北京:北京十月文艺出版社,2008 年版,第 11 页。

4 李希凡:《一种"似是实非"的有害观点》,《读书》1958 年第 11 期。

5 路遥:《早晨从中午开始》,收于《早晨从中午开始》,第 6 页。

6 金理:《在时代冲突和困顿深处:回望孙少平》,《文学评论》2012 年第 5 期。

7 路遥:《平凡的世界(第一部)》,第 313 页。

8 路遥:《平凡的世界(第二部)》,第 90—93 页。

9 同上,第 345 页。

10 王天乐是"孙少平"原型一事,参见厚夫:《路遥传》,北京:人民文学出版社,2015 年版,第 135 页。《早晨从中午开始——〈平凡的世界〉创作手记》

也题献给了王天乐。

11　梁向阳：《新近发现的路遥 1980 年前后致谷溪的六封信》，《新文学史料》
　　2013 年第 3 期。

12　温铁军等：《八次危机》，北京：东方出版社，2012 年版，第 95 页。

13　同上，第 117 页。

14　伊恩·P·瓦特：《小说的兴起：笛福、理查逊、菲尔丁研究》，高原、董红钧
　　译，北京：三联书店，1992 年版，第 89—90 页。

15　钟惦棐：《论社会观念与电影观念的更新——在中国电影评论学会首届年会
　　上的引言》，收于中国电影艺术编辑室编：《电影观念讨论文选》，北京：中
　　国电影出版社，1987 年版，第 391 页。

16　余斌：《新人的概念与文学中道德主题的出现》，《文艺报》1981 年第 24 期。

17　雷达：《简论高加林的悲剧》，《青年文学》1983 年第 2 期。

18　路遥：《平凡的世界（第一部）》，第 391 页。

19　斐迪南·滕尼斯：《共同体与社会：纯粹社会学的基本概念》，林荣远译，北
　　京：商务印书馆，1999 年版，第 53—54 页。

20　同上，第 95 页。

21　路遥：《平凡的世界（第一部）》，第 12 页。

22　伊恩·P·瓦特：《小说的兴起：笛福、理查逊、菲尔丁研究》，第 44—46 页。

23　李星：《关于〈人生〉和〈康家小院〉的评价问题》，收于《李星文集》第 I
　　卷，西安：太白文艺出版社，2009 年版。

24　陈忠实：《生命里的书缘》，《新华文摘》2008 年第 22 期。

25　路遥：《平凡的世界（第二部）》，第 147 页。

26　同上，第 166 页。

27　雅克·朗西埃：《艾玛·包法利的处死——文学、民主和医学》，收于《文学
　　的政治》，张新木译，南京：南京大学出版社，2014 年版，第 80 页。原文将
　　"kitsch"译为"艳俗作品"，本文遵从一般译法，将"kitsch"译为"媚俗"。

28　路遥：《文学·人生·精神——在西安矿业学院的演讲》，收于《早晨从中午
　　开始》，第 216 页。

29　路遥提到，"有文化知识的青年、大学生"同情高加林，"有的领导干部"认

为高加林是个人主义者，"那些市民，那些卖菜的大嫂"认为高加林是陈世美。路遥：《文学·人生·精神——在西安矿业学院的演讲》，收于《早晨从中午开始》，第 222 页。

30　洪子诚：《〈晚霞消失的时候〉：历史反思的文学方式》，《文艺争鸣》2016 年第 3 期。

31　路遥：《东拉西扯谈创作（二）》，收于《早晨从中午开始》，第 161 页。

32　蔡翔：《"非农民因素"》，收于《一路彷徨》，济南：山东友谊出版社，2006年版，第 33 页。

33　路遥：《东拉西扯谈创作（二）》，收于《早晨从中午开始》，第 161 页。

34　石泉整理：《如何深刻反映农村生活？——在长沙召开的农村题材小说创作座谈会纪要》，《文艺报》1981 年第 21 期。

35　严家炎：《关于梁生宝形象》，《文学评论》1963 年第 3 期。

36　刘可风：《柳青传》，北京：人民文学出版社，2016 年版，第 422 页。

37　柳青：《提出几个问题来讨论》，《延河》1963 年 8 月号。

38　洪子诚：《"大连会议"材料的注释》，《海南师范大学学报（社会科学版）》2011 年第 4 期。

39　路遥：《致阎纲》，收于《早晨从中午开始》，第 589 页。

40　陈忠实：《寻找属于自己的句子——〈白鹿原〉创作手记》，上海：上海文艺出版社，2009 年版，第 40 页。

41　能查到的这一词汇的使用记录，都不早于 1987 年。

42　路遥：《关于电影〈人生〉的改编》，收于《早晨从中午开始》，第 181—182 页。

43　程天赐：《吴天明谈〈人生〉》，《电影评介》1984 年第 9 期。

44　路遥：《对当前农村题材创作的几点认识》，收于《早晨从中午开始》，第 156 页。

45　路遥：《答中央广播电视大学问》，收于《早晨从中午开始》，第 193 页。

46　路遥：《关于电影〈人生〉的改编》，收于《早晨从中午开始》，第 182 页。

47　柳青：《提出几个问题来讨论》，《延河》1963 年第 8 期。

48　周昌义：《文坛里的那些事儿（1）——三巨头和陕军东征》，收于蔡晓滨主编:《以生命的名义》,上海:文汇出版社,2007 年版,第 14 页。

49　厚夫:《路遥传》,第 207—209 页。

50　同上,第 17 页。

51　同上,第 15 页。

52　同上,第 194 页。

53　谢真子:《向生活深处开掘 努力提高创作质量——中国作协召开西北、华北部分青年作家座谈会》,《人民日报》1982 年 10 月 13 日。

54　张石山:《穿越:文坛行走三十年》,郑州:河南文艺出版社,2013 年版,第 158—159 页。

55　刘锡诚:《1982:"现代派"风波》,《南方文坛》2015 年第 1 期。

56　唐挚:《漫谈〈人生〉中的高加林》,《青年文学》1993 年第 1 期。

57　王维玲:《岁月传真》,北京:中国青年出版社,2003 年版,第 386 页。

58　晓蓉、李星:《深入农村、写变革中农民的面貌和心理——在西安召开的农村题材小说创作座谈会纪要》,《文艺报》1981 年第 22 期。

59　孙武臣:《文学,要关注八亿农民——记本刊召开的农村题材文学创作座谈会》,《文艺报》1980 年第 5 期。

60　《电影文学》记者:《电影,要关注八亿农民——本刊在济南召开农村题材电影创作座谈会》,《电影文学》1980 年第 12 期。

61　贺桂梅:《"民族形式"建构与当代文学对五四现代性的超克》,《文艺争鸣》2015 年第 9 期。

62　唐铭植:《农村青年的现状》,《青年研究》1982 年第 13 期。

63　梁向阳:《新近发现的路遥 1980 年前后致谷溪的六封信》,《新文学史料》2013 年第 3 期。

64　陈忠实:《寻找属于自己的句子——〈白鹿原〉创作手记》,第 42 页。

65　同上,第 57 页。

66　同上,第 192—193 页。

67　厚夫:《路遥传》,第 195 页。

68　路遥:《在茅盾文学奖颁奖仪式上的致词》,收于《早晨从中午开始》,第 91 页。

69　戴锦华:《隐形书写——90 年代中国文化研究》,南京:江苏人民出版社,1999 年版,第 9—10 页。

70　贺仲明:《农民工当代文学阅读状况调查》,《中国现代文学研究丛刊》2012 年第 8 期。

71　李建军:《文学写作的诸问题——为纪念路遥逝世十周年而作》,《南方文坛》2002 年第 6 期。

72　邵燕君:《在"异托邦"里建构"个人另类选择"幻象空间——网络文学的意识形态功能之一种》,《文艺研究》2012 年第 4 期。

第四章

1　斯维特兰娜·博伊姆:《怀旧的未来》,杨德友译,南京:译林出版社,2010 年版,第 73 页。

2　梁鸿:《中国在梁庄》前言,南京:江苏人民出版社,2010 年版,第 1 页。

3　梁鸿:《出梁庄记》,广州:花城出版社,2013 年版,第 309 页。

4　同上,第 312 页。

5　刘大先:《"裸命"归去来》,《读书》2016 年 8 期。

6　费孝通:《乡土中国》重刊序言,收于《乡土中国》,上海:上海人民出版社,2007 年版,第 4 页。

7　贺雪峰:《老人农业:留守村中的"半耕"模式》,《国家治理》2015 年第 30 期。

8　"小城中产的孩子们"这一称谓借用自程巍在《中产阶级的孩子们——60 年代与文化领导权》中的发明。程巍将 20 世纪 60 年代西方新左派学生运动的兴起,视为"资产阶级的孩子们"对于父辈的斗争。程巍:《中产阶级的孩子们——60 年代与文化领导权》,北京:三联书店,2006 年版。

9　汪晖:《两种新穷人及其未来——阶级政治的衰落、再形成与新穷人的尊严政治》,《开放时代》2014 年第 6 期。

10　梁鸿的《中国在梁庄》和《出梁庄记》被命名为"非虚构"文体。

11　许立志:《流水线上的兵马俑》,收于秦晓宇编选:《新的一天》,北京:作家出版社,2015 年版,第 198—199 页。

12　吉奥乔·阿甘本:《神圣人:至高权力与赤裸生命》,吴冠军译,北京:中央编译出版社，2016 年版，第 238 页。

13　秦晓宇：《"在其所创造的世界中直观自身"》，收于秦晓宇主编：《我的诗篇——当代工人诗典》，北京：作家出版社，2015 年版，第 2 页。

14　参见吴晓东：《临水的纳蕤思：中国现代派诗歌的艺术母题》中"纳蕤思的神话：诗的自传"一节，北京：北京大学出版社，2015 年版，第 4—16 页。

15　郑小琼：《跪着的讨薪者》，收于《我的诗篇——当代工人诗典》，第 278—279 页。

16　卢卡奇：《物化与阶级意识》，收于《历史与阶级意识——关于马克思主义辩证法的研究》，杜章智、任立、燕宏远译，北京：商务印书馆，2009 年版，第 152 页。

17　汪晖：《两种新穷人及其未来——阶级政治的衰落、再形成与新穷人的尊严政治》，《开放时代》2014 年第 6 期。

18　刘慈欣：《中国太阳》，收于《乡村教师》，武汉：长江文艺出版社，2012 年版，第 402 页。

19　同上，第 386 页。

20　同上，第 386 页。

21　费孝通：《文字下乡》和《再论文字下乡》，收于《乡土中国》，第 12—22 页。

22　刘慈欣：《中国太阳》，收于《乡村教师》，第 399 页。

23　同上，第 390 页。

24　雷蒙·威廉斯：《乡村与城市》，第 391 页。

25　李泽厚：《关于崇高与滑稽》，收于《美学旧作集》，天津：天津社会科学院出版社，2002 年版，第 121—147 页。

26　刘慈欣：《中国太阳》，收于《乡村教师》，第 400 页。

27　费孝通：《乡土重建·损蚀冲洗下的乡土》，收于《乡土中国》，第 297 页。

第五章

1　黑格尔：《历史哲学》，王造时译，上海：上海书店出版社，1999 年版，第 96 页。

2　费孝通：《乡土中国·乡土本色》，收于《乡土中国》，第 11 页。

3   施米特：《陆地与海洋——古今之"法"变》，第 62—63 页。

4   刘慈欣：《流浪地球》，武汉：长江文艺出版社，2008 年版，第 3 页。

5   吴岩、方晓庆：《刘慈欣与新古典主义科幻小说》，《湖南科技学院学报》2006
    年第 2 期。

6   刘慈欣：《超越自恋——科幻给文学的机会》，收于《刘慈欣谈科幻》，武汉：
    湖北科学技术出版社，2013 年版，第 116 页。

7   刘慈欣：《从大海见一滴水——对科幻小说中某些传统文学要素的反思》，收
    于《刘慈欣谈科幻》，第 54 页。

8   贺桂梅：《赵树理文学的现代性问题》，收于《历史与现实之间》，济南：山东
    文艺出版社，2008 年版，第 241—245 页。

9   刘慈欣：《超越自恋——科幻给文学的机会》，收于《刘慈欣谈科幻》，第
    111—112 页。

10 刘慈欣被另一位科幻作家何夕评为："一个冷漠的宇宙观察者，冷酷的道德
    评判者，再加上一个冷静的思想者。"黄永明：《每一个文明都是带枪的猎
    手——专访科幻作家刘慈欣》，《南方周末》2011 年 4 月 26 日。

11 刘慈欣：《超越自恋——科幻给文学的机会》，收于《刘慈欣谈科幻》，第
    113 页。

12 吴岩：《中国科幻与第三世界》，http://blog.sina.com.cn/s/blog_484a22af010002ei.
    html。

13 霍布斯鲍姆：《极端的年代 1914—1991》，郑明萱译，南京：江苏人民出版
    社，1998 年版，第 657—658 页。

14 刘小枫：《游击队员与中国的现代性问题》，收于《儒教与民族国家》，北京：
    华夏出版社，2007 年版，第 195—224 页。

15 刘慈欣：《三体 2：黑暗森林》，重庆：重庆出版社，2008 年版，第 53 页。

16 冯庆：《培根与斯威夫特笔下的科学政制》，《古典研究》2015 年秋季卷。

17 刘慈欣：《三体》，重庆：重庆出版社，2008 年版，第 169 页。

18 刘慈欣：《朝闻道》，收于王逢振等选编：《2002 中国年度最佳科幻小说》，桂
    林：漓江出版社，2003 年版，第 104 页。

19 柏拉图：《理想国》，王扬译注，北京：华夏出版社，2012 年版，第 256 页。

20　陈越:《领导权与"高级文化"——再读葛兰西》,《文艺理论与批评》2009 年第 5 期。

21　刘慈欣:《三体》,第 260—261 页。

22　刘慈欣:《乡村教师》,收于韩松主编:《2001 年度中国最佳科幻小说集》,成 都:四川人民出版社,2001 年版,第 124 页。

23　刘慈欣:《光荣与梦想》,收于《带上她的眼睛:刘慈欣科幻小说精品集》, 上海:上海科学普及出版社,2004 年版,第 362 页。

24　刘慈欣:《〈三体〉英文版后记:东方红与煤油灯》,http://www.guancha.cn/ LiuCiXin/2014_12_24_304284.shtml。

25　汪晖:《声之善恶:鲁迅〈破恶声论〉〈呐喊·自序〉讲稿》,北京:三联书店, 2013 年版,第 81—87 页。

26　刘慈欣:《天国之路——科幻和理想社会》,收于《刘慈欣谈科幻》,第 73 页。

27　毛泽东:《帝国主义怕第三世界》,收于《毛泽东外交文选》,中华人民共和 国外交部中共中央文献研究室编,北京:中央文献出版社,1994 年版,第 587—588 页。

28　迈斯纳:《马克思主义、毛泽东主义与乌托邦主义》,张宁、陈铭康译,北 京:中国人民大学出版社,2006 年版。

29　叶永烈:《是是非非"灰姑娘"》第七章和第八章,福州:福建人民出版社 2000 年版,第 480—746 页。

30　迈斯纳:《马克思主义、毛泽东主义与乌托邦主义》,第 193 页。

31　叶永烈:《是是非非"灰姑娘"》,第 325 页。

32　毛泽东:《论鲁迅》,收于《毛泽东文集(第 2 卷)》,中共中央文献研究室编, 北京:人民出版社,1993 年版,第 42 页。

33　刘慈欣:《三体》,第 62 页。

结　语

1　欧大卫:《上海百货公司有其特殊创业史》,《中国观察》(*China Weekly Review*) 1934 年 11 月 17 日,转引自李欧梵:《上海摩登:一种新都市文化在中国 1930—1945》,毛尖译,北京:人民文学出版社,2010 年版,第 19 页。

2 坂井洋史:《关于"东方"现代文学的"世界性"——以竹内好、石母田正和周氏兄弟对于民族主义的观点为例》,谭仁岸译,《山东社会科学》2017年第1期。

3 费孝通:《乡土重建·中国社会变迁中的文化结症》,收于《乡土中国》,第248页。

4 费孝通:《乡土中国·乡土本色》,收于《乡土中国》,第6页。

5 贺雪峰:《新乡土中国》修订版自序,北京:北京大学出版社,2013年版,第4页。

6 桂华:《作为"他者"的"乡土中国"——兼论如何对待费孝通先生的学术"遗产"》,《人文杂志》2010年第5期。

7 贺雪峰:《新乡土中国》修订版自序,第1—3页。

8 刘小枫:《萌萌祭》,收于萌萌学术工作室主编:《"中国人问题"与"犹太人问题"》,上海:三联书店,2011年版,第451—452页。

9 刘小枫:《萌萌的线团——写给萌萌忌辰十周年》,《文艺争鸣》2016年第7期。

10 刘小枫:《游击队员与中国的现代性问题》,收于《儒教与民族国家》,第195—224页。